改訂版

給与・賞与・退職金規程

荻原 勝 著
Masaru Ogihara

すぐに使える各種制度のモデル規程付き

経営書院

はじめに

　現在、給与、賞与および退職金制度が大きく変化している。
　給与についてみると、これまでは、総合給方式と職能給方式が主流を占めていた。しかし、最近は、成果主義・実力主義という観点から、社内での役割に応じて給与を決める「役割給方式」や、前年の業績評価に基づいて給与を決める「業績給方式」が登場し、注目を集めている。職務の内容に応じて決める「職務給方式」に対する関心も高まっている。
　賞与についてみると、支給額に占める人事考課分を拡大する会社が増えるとともに、部門の業績を反映させるところも増えている。また、経費の合理化と人件費の変動化を目的として、賞与の支給原資を売上や利益といった会社業績と連動させて決定する動きも定着しつつある。
　さらに、賞与も含めて1年間の給与総額を決定する「年俸制」が急速に普及している。これまでは、年俸制の対象はもっぱら役職者に限られていたが、最近は、一般社員にも適用するところが目立つ。
　一方、退職金制度も変化している。
　本書は、このような状況を踏まえ、給与、賞与および退職金のさまざまな制度について、その取り扱い基準を定めた「モデル規程」を紹介したものである。あわせて、制度の運用に必要な人事考課表も多数収録した。
　会社は、経営環境の変化に対応し、給与、賞与および退職金制度の見直しを進めていくことが必要である。これまでの制度に強くこだわっていると、人件費の負担増を招いたり、あるいは、社員の勤労意欲が低下したりして、経営が危機に陥る。

会社が給与、賞与および退職金制度の見直しを検討したり、実際に見直し作業を進めたり、あるいは、給与規程・賞与規程・退職金規程の改訂を行ったりする場合に、本書が実務的に役に立つことを願って止まない。

　最後に、本書の出版に当たり、経営書院の方々に大変お世話になった。ここに記して、厚く御礼申し上げる次第である。

荻原　勝

目次

はじめに

第1章　給与規程

第1節　総合給方式の給与規程……………………………………… 1
第2節　年齢給・総合給方式の給与規程…………………………… 14
第3節　勤続給・年齢給・仕事給方式の給与規程………………… 22
第4節　職能給方式の給与規程……………………………………… 31
第5節　年齢給・職能給方式の給与規程…………………………… 48
第6節　職務給方式の給与規程……………………………………… 57
第7節　年齢給・職務給方式の給与規程…………………………… 67
第8節　資格給方式の給与規程……………………………………… 76
第9節　役割給方式の給与規程……………………………………… 82
第10節　年齢給・役割給方式の給与規程…………………………… 93
第11節　業績給方式の給与規程……………………………………… 102
第12節　資格給・業績給方式の給与規程…………………………… 110
第13節　コミッション給方式の給与規程…………………………… 115

第2章　賞与規程

第1節　「算定基礎給×支給月数」方式の賞与規程 …………… 121
第2節　「算定基礎給×支給月数＋人事考課分」方式の賞与規程
　　　　…………………………………………………………… 125
第3節　「算定基礎給×支給月数＋人事考課分＋特別加算分」方式
　　　　の賞与規程…………………………………………………… 131

第4節 「算定基礎給×支給月数×人事考課係数」方式の賞与規程………………………………………………………… 135
第5節 「算定基礎給×支給月数×人事考課係数＋特別加算分」方式の賞与規程……………………………………… 139
第6節 業績還元方式の賞与規程………………………………… 143
第7節 部門業績反映型の賞与規程……………………………… 147
第8節 部門別賞与支給規程……………………………………… 153
第9節 決算賞与規程……………………………………………… 159

第3章　年俸規程

第1節 管理職年俸規程…………………………………………… 163
第2節 管理職半期年俸規程……………………………………… 172
第3節 全社員年俸規程…………………………………………… 178
第4節 全社員半期年俸規程……………………………………… 190

第4章　退職金規程

第1節 「退職時基本給×支給率」方式の退職金規程………… 199
第2節 別テーブル方式の退職金規程…………………………… 205
第3節 定額方式の退職金規程…………………………………… 211
第4節 資格等級ポイント方式の退職金規程…………………… 215
第5節 役割ポイント方式の退職金規程………………………… 228
第6節 退職金前払い方式の退職金規程………………………… 237
第7節 業績評価方式の退職金規程……………………………… 241
第8節 中小企業退職金共済制度の退職金規程………………… 246
第9節 中小企業退職金共済制度併用方式の退職金規程……… 252

第5章　非正社員の給与規程

第1節　パートタイマーの給与規程……………………… 257
第2節　パートタイマーの退職金規程…………………… 264
第3節　契約社員の給与規程……………………………… 266
第4節　嘱託社員の給与規程……………………………… 274

第6章　褒賞金規程

第1節　業務改善褒賞金規程……………………………… 279
第2節　営業褒賞金規程…………………………………… 284
第3節　販売褒賞金規程…………………………………… 288
第4節　発明褒賞金規程…………………………………… 292

第7章　給与費・人件費管理規程

第1節　給与費管理規程…………………………………… 297
第2節　給与費適正評価規程……………………………… 307
第3節　業績連動型の賞与原資規程……………………… 312
第4節　人件費管理規程…………………………………… 318

第 1 章

給与規程

第1節　総合給方式の給与規程

1　総合給方式とは

　社員一人ひとりによって、仕事の内容も異なれば、能力や成績も異なる。規律性、協調性、積極性、責任性などの勤務態度も異なる。社内における序列も違えば、会社から期待される程度も違う。また、年齢、勤続年数も異なる。それにもかかわらず、すべての社員について一律に給与を決めるのは、必ずしも合理的とはいえない。

　やはり、社員一人ひとりについて、仕事の種類・性格（責任の重さ、遂行の困難さ）、職務遂行能力、勤務成績、年齢、勤続年数などを幅広く考慮して給与を決定するのが合理的である。

　社員一人ひとりについて、仕事の種類・性格、職務遂行能力、勤務成績、年齢、勤続年数などを総合的に判断して給与を決定する仕組みを「総合給方式」という。

　総合給方式は、「さまざまな要素や事情を考慮して給与を決定できる」というメリットがある。このため、会社の規模や業種にかかわりなく、広く採用されている。

　しかし、その反面、「給与の決め方が不透明である」「職務遂行能力や勤務成績が給与に十分反映されない」という問題点がある。

2　規程に盛り込む内容

①　適用対象者の範囲

　給与規程の適用対象者の範囲を定める。一般的にいえば、正社員だけに適用し、パートタイマー、嘱託社員などの非正規社員については、別の独立した給与規程を作成するのが適切である。

②　給与の形態

　給与の形態としては、時間給、日給、月給、年俸などがある。正社員については、月給制が一般的である。

③　計算期間

　給与の計算期間を定める。

④　支払日

　労働基準法は、「給与は、毎月1回以上、一定の期日を定めて支払わなければならない」と規定している。支払日は、毎月1回以上とし、一定の期日を定める。

⑤　支払方法

　労働基準法は、給与の支払について、「給与は、通貨で支払わなければならない」と定めているが、社員の同意を得て、口座振込みとするのが便利である。

⑥　控除

　給与から社会保険料と税金を控除することを定める。

⑦　欠勤・遅刻等の不就業時間の取り扱い

　給与から欠勤や遅刻・早退などに伴う不就業時間分を控除するときは、その取り扱いを定める。控除の方法には、
　・基本給についてのみ控除する
　・基本給に諸手当も含めた基準内給与について控除する
などがある。

⑧　給与の構成

　給与は、基本給と諸手当とから構成することを明確にしておく。

⑨　基本給の決め方

基本給は、職務内容、職務遂行能力、勤務態度、年齢、勤続年数などを総合的に判断して決定することを明記する。
⑩ 諸手当
　基本給を補完する目的で、家族手当、住宅手当、通勤手当、役付手当などの手当を支給している会社が多い。手当を支給するときは、一つひとつの手当について、その支給基準と支給額を具体的に定める。
⑪ 時間外勤務手当
　労働基準法は、「1日8時間、1週40時間を超えて労働させたときは、時間外勤務手当を支払わなければならない」と定めている。このため、時間外勤務手当について、その算出方法を明記しておく。あわせて、管理監督者については、時間外勤務手当は支給しないことを明確にしておく。なお、深夜勤務手当については管理監督者にも支払わなければならない。
⑫ 休日勤務手当
　労働基準法は、「週に1回の休日に労働させたときは、休日勤務手当を支払わなければならない」と定めている。このため、休日勤務手当について、その算出方法を明記しておく。あわせて、管理監督者については、休日勤務手当は支給しないことを明確にしておく。
⑬ 昇給の時期
　昇給を行うか行わないかは、会社の自由である。昇給を行うときは、その実施時期を定める。実施時期については、
・毎年1回、定期的に実施する
・2年に1回の割合で実施する
・必要が生じたときに実施する
などがある。
　経営を取り巻く環境が激しく変化し、その影響を受けることを考慮すると、定期昇給を行う場合においても、「会社の業績が良好でないときは、昇給を行わないことがある」と定めておくとよい。

⑭　昇給の対象者

　昇給を行うときは、その対象者を定める。

⑮　昇給の基準

　昇給の金額は、職務遂行能力の向上の程度、業務成績、勤務態度などを評価して決定することを明確にしておく。

⑯　給与の引き下げ

　次のいずれかに該当する者については、給与を引き下げることがあることを定めておく。

　・勤務態度が著しく良くない者
　・勤務成績が著しく良くない者

⑰　賞与の支給時期

　賞与を支給するかしないかは会社の自由であるが、多くの会社は、年2回、支給している。賞与を支給するときは、その支給時期を具体的に定める。これにあわせ、「会社の業績が良好でないときは、賞与を支給しないことがある」と定めておくとよい。

⑱　賞与の計算期間

　賞与の計算期間を具体的に定める。

⑲　賞与の支給対象者

　賞与の支給対象者の範囲を定める。とりわけ、支給日当日在籍していない者に支給するかしないかを明確にしておくことは重要である。

⑳　賞与の支給基準

　賞与の支給額は、計算期間における各人の勤務成績および勤務態度を評価して決定することを明記しておく。

3　総合給方式の給与規程モデル

給与規程
第1章　総則

（総則）
第1条　この規程は、社員の給与について定める。
　　2　嘱託社員およびパートタイマーの給与については、別に定める。
（給与の構成）
第2条　給与は、基本給と諸手当をもって構成する。
（給与の形態）
第3条　給与は、月額をもって定める。
（計算期間）
第4条　給与の計算期間は、次のとおりとする。
　　　　（計算期間）　前月21日～当月20日
（支払日）
第5条　給与は、毎月25日に支払う。当日が休日のときは、その前日に支払う。
（途中入社者の取り扱い）
第6条　計算期間の途中で入社した社員については、入社日から締切日までの分を日割計算し、25日に支払う。
（途中退職者の取り扱い）
第7条　計算期間の途中で退職する社員に対しては、計算期間中の勤務日数分を日割計算し、退職日から7日以内に支払う。
（非常時払い）
第8条　社員が出産、疾病、災害その他非常の場合の費用に充てるために請求したときは、支払日前であっても、既往の勤務に対する給与を支払う。
（支払方法）
第9条　給与は、本人が届け出た預貯金口座に振り込むことによって

第1章　給与規程

支払う。

（控除）
第10条　給与から次に掲げるものを控除する。
　　(1)　社会保険料
　　(2)　所得税、住民税
　　(3)　社員代表と協定したもの

（遅刻・欠勤等の控除）
第11条　遅刻、早退、私用外出および欠勤等、社員の責任によって就業しない時間または日があるときは、次の算式によって得られる金額を控除する。
　　控除額＝基本給の1時間当たり金額×就業しなかった時間数
　2　役職者については、遅刻、欠勤等の控除は行わない。

（給与明細書の交付）
第12条　給与の支払日に給与明細書を交付する。

（業績不振のとき）
第13条　会社の業績が著しく不振であるときは、一時的、臨時的に次に掲げる措置を講じることがある。
　　(1)　基本給の引き下げ
　　(2)　諸手当（時間外勤務手当および休日勤務手当は除く）の減額または不支給

第2章　基本給

（基本給）
第14条　基本給は、次に掲げるものを考慮して定める。
　　(1)　職務の内容
　　(2)　職務の遂行能力
　　(3)　勤務態度
　　(4)　年齢
　　(5)　勤続年数

(6) その他必要事項

第3章　諸手当

(家族手当)
第15条　扶養家族を有する者に、次の区分により家族手当を支給する。

   (1)　配偶者　　　　　　　　　　15,000円

   (2)　第1子　　　　　　　　　　　5,000円

   (3)　第2子　　　　　　　　　　　4,000円

   (4)　第3子以下（1人につき）　　3,500円

   (5)　父母（1人につき）　　　　　5,000円

 2　子は18歳未満の者とする。

 3　親は、65歳以上で、かつ、主として本人の収入により生計を維持している者に限る。

(住宅手当)
第16条　借家または借間に居住する者に対して、次の区分により住宅手当を支給する。

   (1)　扶養家族を有する者　　　　25,000円

   (2)　単身者　　　　　　　　　　10,000円

(通勤手当)
第17条　公共交通機関を利用して通勤する者に対して、定期券代の実費を支給する。ただし、非課税限度額をもって支給限度とする。

 2　マイカーで通勤する者に対しては、定期券代相当額を支給する。

(役付手当)
第18条　役職者に対し、次の区分により役付手当を支給する。

   (1)　部長　　　　　　　　　　　70,000円

   (2)　課長　　　　　　　　　　　40,000円

   (3)　係長　　　　　　　　　　　20,000円

第1章　給与規程

（時間外勤務手当）
第19条　所定時間外に勤務を命令したときは、勤務した時間数に応じて、時間外勤務手当を支給する。時間外勤務手当の算式は、次による。

時間外勤務手当＝（基本給＋住宅手当＋役付手当）／1ヵ月平均所定勤務時間数×1.25×時間外勤務時間数

2　1ヵ月60時間を超える時間外勤務については、割増率は50％とする。
3　管理監督者に対しては、時間外勤務手当は支給しない。

（休日勤務手当）
第20条　所定休日に勤務を命令したときは、勤務した時間数に応じて、休日勤務手当を支給する。休日勤務手当の算式は、次による。

休日勤務手当＝（基本給＋住宅手当＋役付手当）／1ヵ月平均所定勤務時間数×1.35×休日勤務時間数

2　管理監督者に対しては、休日勤務手当は支給しない。

第4章　昇給（基本給の改訂）

（昇給）
第21条　毎年4月に基本給の昇給を行う。ただし、会社の業績が良好でないときは、昇給を行わないことがある。

（昇給の対象者）
第22条　昇給の対象者は、前年の勤務成績および勤務態度が良好な者とする。

（昇給の基準）
第23条　昇給の額は、個人ごとに次の事項を総合的に評価して決定する。
　(1)　職務遂行能力の向上の程度
　(2)　勤務成績

(3) 日常の勤務態度

（引き下げ）
第24条　次のいずれかに該当する者については、給与を引き下げることがある。
(1) 勤務態度が著しく良くない者
(2) 勤務成績が著しく良くない者

第5章　賞与

（支給時期）
第25条　毎年6月および12月の2回、賞与を支給する。ただし、会社の業績が良好でないときは、支給しないことがある。

（計算期間）
第26条　賞与の計算期間は、次のとおりとする。
(1) 夏季賞与　　　前年10月1日～当年3月31日
(2) 年末賞与　　　4月1日～9月30日

（支給対象者）
第27条　賞与の支給対象者は、次の2つの条件を満たす者とする。
(1) 支給日当日在籍していること
(2) 計算期間中の出勤日数が60日以上であること
2　定年退職者および会社都合退職者については、支給日当日在籍していなくても支給する。

（支給基準）
第28条　賞与の支給額は、計算期間における次の事項を個人別に評価して決定する。
(1) 勤務態度
(2) 勤務成績

（付則）この規程は、　　年　月　日から施行する。

4 関連様式

(様式1)　　　　　人事考課表（一般社員／昇給用）

人事考課表　　　　一般社員　昇給用

対象者			考課対象期間	
所属	氏名	入社年月	態度・成績	過去1年間
		年　月	能力	現在

（評価基準）　S＝きわめて優れていた（まったく申し分なかった）
　　　　　　　A＝優れていた（申し分なかった）
　　　　　　　B＝普通（標準的）
　　　　　　　C＝やや劣っていた（やや不十分だった）
　　　　　　　D＝劣っていた（不十分だった）

	考課項目	着眼点	評価
態度考課	規律性	・就業規則など規則・規定をよく守り、職場の秩序の維持に努めたか。 ・上司の指示命令によく従ったか。	S A B C D 15 12 9 6 3
	協調性	・上司、同僚と仲良く仕事をやっていこうとしたか。 ・他人が忙しいときは、進んで手伝おうとする姿勢が見られたか。	S A B C D 15 12 9 6 3
	積極性	・与えられた仕事に積極的に取り組んだか。 ・忙しいときは、進んで残業をしたり休日出勤をしたか。	S A B C D 15 12 9 6 3
	責任性	・与えられた仕事を最後まで責任を持って成し遂げたか。 ・自分の役割をよく自覚し、期待に応えるように仕事に取り組んだか。	S A B C D 15 12 9 6 3
能力考課	業務知識	・仕事を遂行する上で必要とされる実務的知識をよく習得しているか。 ・関連する業務についての一般的知識を習得しているか。	S A B C D 5 4 3 2 1
	業務遂行能力	・仕事を迅速かつ正確に遂行できる技術・技能を習得しているか。	S A B C D 5 4 3 2 1
	創意工夫力	・仕事の改善、効率化を図る能力があるか。 ・マンネリ的に仕事に取り組んでいないか。	S A B C D 10 8 6 4 2
成績考課	仕事の質	・与えられた仕事を正確に遂行したか。 ・仕事の出来栄えは良かったか。	S A B C D 10 8 6 4 2
	仕事の量	・与えられた仕事を迅速に遂行したか。 ・仕事の量は能力にふさわしいものであったか。	S A B C D 10 8 6 4 2
		合計点（100点満点）	点

所見		考課者印

第1章　給与規程

（様式２）　　　　人事考課表（管理職／昇給用）

人事考課表　　　　　　　［管理職　昇給用］

対象者				考課対象期間	
所属	氏名	入社年月		態度・成績	過去1年間
		年　月		能力	現在

（評価基準）　S＝きわめて優れていた（まったく申し分なかった）
　　　　　　　A＝優れていた（申し分なかった）
　　　　　　　B＝普通（標準的）
　　　　　　　C＝やや劣っていた（やや不十分だった）
　　　　　　　D＝劣っていた（不十分だった）

	考課項目	着眼点	評価
態度考課	積極性	・管理職として担当部門の業務目標の達成のために積極的に取り組んだか。 ・自分の職務範囲の拡大に前向きに取り組んだか。 ・仕事の改善、革新に熱心に取り組んだか。	S A B C D 5 4 3 2 1
	責任性	・与えられた仕事を最後まで責任を持って成し遂げたか。 ・管理職としての自分の役割と任務をよく自覚し、期待に応えるよう行動したか。	S A B C D 5 4 3 2 1
	経営意識	・管理職として、経営方針・経営理念を正しく理解して業務に取り組んだか。 ・担当部門の利害にこだわることなく、会社全体の利益を考えて行動しているか。	S A B C D 10 8 6 4 2
能力考課	業務知識	・担当する仕事について高度の知識を習得しているか。 ・会社業務全般についての知識を保有しているか。	S A B C D 10 8 6 4 2
	管理力	・部下に適切に指示命令できる能力があるか。 ・人員、予算、機械設備を効率的に活用することができるか。 ・部下の仕事の進捗状況を的確に把握しているか。	S A B C D 10 8 6 4 2
	決断力	・複雑な状況の中でも的確な決断を行うことができるか。 ・管理職としてタイムリーに決断を下せるか。	S A B C D 10 8 6 4 2
	指導育成力	・部下の一人ひとりについて、その能力と適性を正しく掌握し適切な業務を付与しているか。 ・部下の自主性と資質を尊重しながら育成を図っているか。 ・部下の指導育成に計画的に取り組んでいるか。	S A B C D 10 8 6 4 2
成績考課	仕事の質	・会社の期待に応える立派な仕事をしたか。 ・仕事の出来栄えはどうであったか。 ・部下を上手に動かし、効果的・効率的に仕事をしたか。	S A B C D 20 16 12 8 4
	仕事の量	・管理職として率先して仕事に取り組み、業務目的を達成したか。 ・仕事の量は会社の期待に応えるものであったか。	S A B C D 20 16 12 8 4
	合計点（100点満点）		点

所見		考課者印

第1章　給与規程

（様式3）　　人事考課表（一般社員／賞与用）

人事考課表　　　　　　　　｜一般社員｜賞与用｜

対象者	所属		氏名		入社	年　月
考課対象期間		年　月　日　～　年　月　日				

（評価基準）　S＝きわめて優れていた
　　　　　　　A＝優れていた
　　　　　　　B＝普通
　　　　　　　C＝やや不十分だった
　　　　　　　D＝不十分だった

考課項目		着　眼　点	評　価
態度考課	規律性	・就業規則など規則・規定をよく守り、職場の秩序の維持に努めたか。 ・上司の指示命令によく従ったか。	S A B C D 10 8 6 4 2
	協調性	・上司、同僚と仲良く仕事をやっていこうとしたか。 ・他人が忙しいときは、進んで手伝おうとする姿勢が見られたか。	S A B C D 10 8 6 4 2
	積極性	・与えられた仕事に積極的に取り組んだか。 ・忙しいときは、進んで残業をしたり、休日出勤をしたか。	S A B C D 15 12 9 6 3
	責任性	・与えられた仕事を最後まで責任を持って成し遂げたか。 ・自分の役割をよく自覚し、期待に応えるように仕事に取り組んだか。	S A B C D 15 12 9 6 3
成績考課	仕事の質	・与えられた仕事を正確に遂行したか。 ・仕事の出来栄えは良かったか。	S A B C D 25 20 15 10 5
	仕事の量	・与えられた仕事を迅速に遂行したか。 ・仕事の量は能力にふさわしいものであったか。	S A B C D 25 20 15 10 5
合計点（100点満点）			点

所見	考課者印

第1章　給与規程

（様式4）　　　　人事考課表（管理職／賞与用）

人事考課表　　管理職　賞与用

| 対　象　者 | 所　属 | | 氏　名 | | 入　社 | 年　月 |
| 考課対象期間 | | 年　月　日　～ | | 年　月　日 | | |

（評価基準）　S＝きわめて優れていた
　　　　　　　A＝優れていた
　　　　　　　B＝普通
　　　　　　　C＝やや不十分だった
　　　　　　　D＝不十分だった

考課項目		着　眼　点	評　価
態度考課	積　極　性	・管理職として担当部門の業務目標の達成のために積極的に取り組んだか。 ・自分の職務範囲の拡大に前向きに取り組んだか。 ・仕事の改善、革新に熱心に取り組んだか。	S A B C D 10 8 6 4 2
	責　任　性	・与えられた仕事を最後まで責任を持って成し遂げたか。 ・管理職としての自分の役割と任務をよく自覚し、期待に応えるよう行動したか。	S A B C D 5 4 3 2 1
	経　営　意　識	・管理職として、経営方針・経営理念を正しく理解して業務に取り組んでいるか。 ・担当部門の利害にこだわることなく、会社全体の利益を考えて行動しているか。	S A B C D 5 4 3 2 1
成績考課	仕事の質	・会社の期待に応える立派な仕事をしたか。 ・仕事の出来栄えはどうであったか。 ・部下を上手に動かし、効果的・効率的に仕事をしたか。	S A B C D 40 32 24 16 8
	仕事の量	・管理職として率先して仕事に取り組み、業務目標を達成したか。 ・仕事の量は会社の期待に応えるものであったか。	S A B C D 40 32 24 16 8
		合計点（100点満点）	点

所見		考課者印

第2節　年齢給・総合給方式の給与規程

1　年齢給・総合給方式とは

　給与は、「労働の対価」という性格と同時に、「生計費の保障」という性格を持っている。社員は、給与がただ一つの収入源であるから、給与は、社員の生計費をカバーできる金額でなければならない。

　生計費は、一般に、単身、結婚、出産、子の成長・進学、子の独立というライフサイクルによって変化する。ライフサイクルと密接に結びついているのは、年齢である。年齢に応じて、一定の金額を保障する基本給部分を「年齢給」という。

　年齢給・総合給方式とは、基本給を、
・年齢に応じて金額を決める「年齢給」
・年齢以外の要素を評価して決める「総合給」
とから構成するものである。この方式は、
・年齢ごとに一定の生計費を保障し、社員に安心感を与えることができる
・年齢以外の要素も勘案できる
・比較的簡単に設計できる
・比較的柔軟に運用できる
などのメリットがある。

2　規程に盛り込む内容

①　給与の構成
　給与は、基本給と諸手当とから構成し、基本給は、年齢給と総合給とから構成することを明確にしておく。
②　年齢給
　年齢給の金額を具体的に定める。
③　総合給の決め方

総合給は、職務内容、職務遂行能力、勤務態度、勤務成績、勤続年数など、年齢以外の要素を総合的に判断して決定することを明記する。
④　諸手当
　支給する手当について、その支給基準と支給額を定める。
⑤　時間外勤務手当等の取り扱い
　労働基準法で支払いが義務づけられている時間外勤務手当および休日勤務手当について、その算出方法を明記しておく。あわせて、管理監督者については、これらの手当を支給しないことを明確にしておく。
⑥　昇給
　昇給について、実施時期、対象者、昇給基準などを定める。これにあわせ、「会社の業績が良好でないときは、昇給を行わないことがある」と定めておくとよい。
⑦　賞与
　賞与について、支給時期、計算期間、支給対象者、支給基準を定める。これにあわせ、「会社の業績が良好でないときは、賞与を支給しないことがある」と定めておくとよい。

3　年齢給・総合給方式の給与規程モデル

給与規程
第1章　総則

（総則）
第1条　この規程は、社員の給与について定める。
　　2　嘱託社員およびパートタイマーの給与については、別に定める。
（給与の構成）
第2条　給与は、基本給と諸手当をもって構成する。
（給与の形態）
第3条　給与は、月額をもって定める。
（計算期間）
第4条　給与の計算期間は、次のとおりとする。
　　　　（計算期間）　前月21日～当月20日
（支払日）
第5条　給与は、毎月25日に支払う。当日が休日のときは、その前日に支払う。
　　2　計算期間の途中で退職する社員に対しては、退職日までの給与を日割計算し、退職日から7日以内に支払う。
　　3　計算期間の途中で採用した社員については、採用日から計算期間末日までの給与を日割計算して支払う。
（非常時払い）
第6条　社員が出産、疾病、災害その他非常の場合の費用に充てるために請求したときは、支払日前であっても、既往の勤務に対する給与を支払う。
（支払方法）
第7条　給与は、本人が指定した預貯金口座に振り込むことによって支払う。

（控除）
第8条　給与から次に掲げるものを控除する。
　　　(1)　社会保険料
　　　(2)　所得税、住民税
　　　(3)　社員代表と協定したもの

（遅刻・欠勤等の控除）
第9条　遅刻、早退、私用外出および欠勤等、社員の責任によって就業しない時間または日があるときは、次の算式によって得られる金額を控除する。
　　　控除額＝基本給の1時間当たり金額×就業しなかった時間数
　2　役職者については、遅刻、欠勤等の控除は行わない。

（業績不振のとき）
第10条　会社の業績が著しく不振であるときは、一時的、臨時的に次に掲げる措置を講じることがある。
　　　(1)　基本給の引き下げ
　　　(2)　諸手当（時間外勤務手当および休日勤務手当は除く）の減額または不支給

第2章　基本給

（基本給の構成）
第11条　基本給は、年齢給と総合給とから構成する。

（年齢給）
第12条　年齢給は、4月1日現在における年齢をもとに決めるものとし、別表のとおりとする。

（総合給）
第13条　総合給は、次に掲げるものを考慮して定める。
　　　(1)　職務の内容
　　　(2)　職務の遂行能力
　　　(3)　職務遂行の困難性

(4)　職務上の責任の重要性

　　(5)　経験年数

　　(6)　職務遂行に必要な知識、技術または技能の程度

　　(7)　その他必要事項

第3章　諸手当

（家族手当）

第14条　扶養家族を有する者に、次の区分により家族手当を支給する。

　　(1)　配偶者　　　　　　　　　15,000円
　　(2)　第1子　　　　　　　　　 5,000円
　　(3)　第2子　　　　　　　　　 4,000円
　　(4)　第3子以下（1人につき） 3,500円
　　(5)　父母（1人につき）　　　 5,000円

　2　子は18歳未満の者とする。

　3　親は、65歳以上で、かつ、主として本人の収入により生計を維持している者に限る。

（住宅手当）

第15条　借家または借間に居住する者に対して、次の区分により住宅手当を支給する。

　　(1)　扶養家族を有する者　　　25,000円
　　(2)　単身者　　　　　　　　　10,000円

（通勤手当）

第16条　公共交通機関を利用して通勤する者に対して、定期券代の実費を支給する。ただし、非課税限度額をもって支給限度とする。

　2　マイカーで通勤する者に対しては、定期券代相当額を支給する。

（役付手当）

第17条　役職者に対し、次の区分により役付手当を支給する。

(1) 部長　　　　　　　　70,000円
(2) 課長　　　　　　　　40,000円
(3) 係長　　　　　　　　20,000円

（時間外勤務手当）
第18条　所定時間外に勤務を命令したときは、勤務した時間数に応じて、時間外勤務手当を支給する。時間外勤務手当の算式は、次による。

時間外勤務手当＝（基本給＋住宅手当＋役付手当）／１ヵ月平均所定勤務時間数×1.25×時間外勤務時間数

2　１ヵ月60時間を超える時間外勤務については、割増率は50％とする。

3　管理監督者に対しては、時間外勤務手当は支給しない。

（休日勤務手当）
第19条　所定休日に勤務を命令したときは、勤務した時間数に応じて、休日勤務手当を支給する。休日勤務手当の算式は、次による。

休日勤務手当＝（基本給＋住宅手当＋役付手当）／１ヵ月平均所定勤務時間数×1.35×休日勤務時間数

2　管理監督者に対しては、休日勤務手当は支給しない。

第4章　昇給（基本給の改訂）

（昇給）
第20条　毎年４月に基本給の昇給を行う。ただし、会社の業績が良好でないときは、昇給を行わないことがある。

（昇給の対象者）
第21条　昇給の対象者は、前年の勤務成績および勤務態度が良好な者とする。

（年齢給の昇給）
第22条　年齢給は、４月１日現在の年齢に対応する金額に引き上げる。

（総合給の昇給基準）
第23条　総合給の昇給額は、個人ごとに次の事項を総合的に評価して決定する。
　　　⑴　職務遂行能力の向上の程度
　　　⑵　勤務成績
　　　⑶　日常の勤務態度
（降給）
第24条　次のいずれかに該当する者については、総合給を引き下げることがある。
　　　⑴　勤務態度が著しく良くない者
　　　⑵　勤務成績が著しく良くない者

第5章　賞与

（支給時期）
第25条　毎年6月および12月の2回、賞与を支給する。ただし、会社の業績が良好でないときは、支給しないことがある。
（計算期間）
第26条　賞与の計算期間は、次のとおりとする。
　　　⑴　夏季賞与　　　　前年10月1日～当年3月31日
　　　⑵　年末賞与　　　　4月1日～9月30日
（支給対象者）
第27条　賞与の支給対象者は、次の2つの条件を満たす者とする。
　　　⑴　支給日当日在籍していること
　　　⑵　計算期間中の出勤日数が60日以上であること
　　2　定年退職者については、支給日当日在籍していなくても支給する。
（支給基準）
第28条　賞与の支給額は、計算期間における各人の勤務成績および勤務態度を評価して決定する。

(付則)　この規程は、　　年　月　日から施行する。

(別表)　年齢給表

年齢	年齢給	昇給幅	年齢	年齢給	昇給幅
18	100,000	—	40	155,000	2,000
19	102,000	2,000	41	157,000	〃
20	104,000	〃	42	159,000	〃
21	106,000	〃	43	161,000	〃
22	108,000	〃	44	163,000	〃
23	110,000	〃	45	165,000	〃
24	112,000	〃	46	166,000	1,000
25	115,000	3,000	47	167,000	〃
26	118,000	〃	48	168,000	〃
27	121,000	〃	49	169,000	〃
28	124,000	〃	50	170,000	〃
29	127,000	〃	51	170,000	0
30	130,000	〃	52	170,000	〃
31	133,000	〃	53	170,000	〃
32	136,000	〃	54	170,000	〃
33	139,000	〃	55	170,000	〃
34	142,000	〃	56	170,000	〃
35	145,000	〃	57	170,000	〃
36	147,000	2,000	58	170,000	〃
37	149,000	〃	59	170,000	〃
38	151,000	〃	60	170,000	〃
39	153,000	〃			

第3節　勤続給・年齢給・仕事給方式の給与規程

1　勤続給・年齢給・仕事給方式とは
これは、基本給を
・勤続年数を基準として決定する「勤続給」
・年齢を基準とする「年齢給」
・仕事の種類、遂行能力、遂行の困難性、責任の重要性など、仕事の内容を総合的に判断して決定する「仕事給」

の3つから構成するものである。

この方式は、
・さまざまな要素を勘案して給与を決めることができる
・給与制度を弾力的に運用できる

という特徴がある。

2　規程に盛り込む内容
① 給与の形態
給与の形態を定める。正社員については、月給制とするのが便利である。
② 計算期間
給与の計算期間を定める。
③ 支払日
支払日を定める。
④ 支払方法
支払いについては、社員の同意を得て、口座振込みとするのが便利である。
⑤ 控除
給与から社会保険料と税金を控除することを定める。
⑥ 給与の構成

給与は、基本給と諸手当とから構成し、基本給は、勤続給、年齢給および仕事給とから構成することを明確にしておく。

⑦　勤続給

勤続給の決め方には、
  ・勤続の長さにかかわりなく、「1年につき○○○円」という形で決める
  ・勤続年数をいくつかに区分し、区分ごとに「1年につき○○○円」という形で決める

などがある。

⑧　年齢給

年齢給の金額を具体的に定める。

⑨　仕事給の決め方

仕事給は、仕事の種類、職務遂行能力、遂行の困難さ、責任の重要性などを総合的に判断して決定することを明記する。

⑩　諸手当

支給する手当について、その支給基準と支給額を定める。

⑪　時間外勤務手当等の取り扱い

労働基準法で支払いが義務づけられている時間外勤務手当および休日勤務手当について、その算出方法を明記しておく。あわせて、管理監督者については、これらの手当を支給しないことを明確にしておく。

⑫　昇給

昇給について、実施時期、対象者、昇給基準などを定める。これにあわせ、「会社の業績が良好でないときは、昇給を行わないことがある」と定めておくとよい。

⑬　賞与

賞与について、支給時期、計算期間、支給対象者、支給基準を定める。これにあわせ、「会社の業績が良好でないときは、賞与を支給しないことがある」と定めておくとよい。

第1章 給与規程

3　勤続給・年齢給・仕事給方式の給与規程モデル

給与規程
第1章　総則

（総則）
第1条　この規程は、社員の給与について定める。
　　2　嘱託社員およびパートタイマーの給与については、別に定める。
（給与の構成）
第2条　給与は、基本給と諸手当をもって構成する。
（給与の形態）
第3条　給与は、月額をもって定める。
（計算期間）
第4条　給与の計算期間は、次のとおりとする。
　　　　（計算期間）　前月21日～当月20日
（支払日）
第5条　給与は、毎月25日に支払う。当日が休日のときは、その前日に支払う。
　　2　計算期間の途中で退職する社員に対しては、退職日までの給与を日割計算し、退職日から7日以内に支払う。
　　3　計算期間の途中で採用した社員については、採用日から計算期間末日までの給与を日割計算して支払う。
（非常時払い）
第6条　社員が出産、疾病、災害その他非常の場合の費用に充てるために請求したときは、支払日前であっても、既往の勤務に対する給与を支払う。
（支払方法）
第7条　給与は、本人が届け出た預貯金口座に振り込むことによって支払う。

（控除）
第8条　給与から次に掲げるものを控除する。
　　　⑴　社会保険料
　　　⑵　所得税、住民税
　　　⑶　社員代表と協定したもの
（遅刻・欠勤等の控除）
第9条　遅刻、早退、私用外出および欠勤等、社員の責任によって就業しない時間または日があるときは、次の算式によって得られる金額を控除する。
　　　控除額＝基本給の1時間当たり金額×就業しなかった時間数
　2　役職者については、遅刻、欠勤等の控除は行わない。
（業績不振のとき）
第10条　会社の業績が著しく不振であるときは、一時的、臨時的に次に掲げる措置を講じることがある。
　　　⑴　基本給の引き下げ
　　　⑵　諸手当（時間外勤務手当および休日勤務手当は除く）の減額または不支給

第2章　基本給

（基本給の構成）
第11条　基本給の構成は、次のとおりとする。
　　　⑴　勤続給
　　　⑵　年齢給
　　　⑶　仕事給
（勤続給）
第12条　勤続給は、勤続年数の区分をもとに決めるものとし、別表1のとおりとする。
（年齢給）
第13条　年齢給は、4月1日現在における年齢をもとに決めるものと

し、別表2のとおりとする。

（仕事給）
第14条　仕事給は、次に掲げるものを考慮して定める。
　　　⑴　職務の種類
　　　⑵　職務遂行能力
　　　⑶　職務遂行の困難性
　　　⑷　職務遂行の重要性
　　　⑸　その他仕事に関すること

第3章　諸手当

（家族手当）
第15条　扶養家族を有する者に、次の区分により家族手当を支給する。
　　　⑴　配偶者　　　　　　　　　15,000円
　　　⑵　第1子　　　　　　　　　 5,000円
　　　⑶　第2子　　　　　　　　　 4,000円
　　　⑷　第3子以下（1人につき）　3,500円
　　　⑸　父母（1人につき）　　　 5,000円
　　2　子は18歳未満の者とする。
　　3　親は、65歳以上で、かつ、主として本人の収入により生計を維持している者に限る。

（住宅手当）
第16条　借家または借間に居住する者に対して、次の区分により住宅手当を支給する。
　　　⑴　扶養家族を有する者　　　25,000円
　　　⑵　単身者　　　　　　　　　10,000円

（通勤手当）
第17条　公共交通機関を利用して通勤する者に対して、定期券代の実費を支給する。ただし、非課税限度額をもって支給限度とする。

2　マイカーで通勤する者に対しては、定期券代相当額を支給する。

（役付手当）
第18条　役職者に対し、次の区分により役付手当を支給する。
　　　　(1)　部長　　　　　　　　　70,000円
　　　　(2)　課長　　　　　　　　　40,000円
　　　　(3)　係長　　　　　　　　　20,000円

（時間外勤務手当）
第19条　所定時間外に勤務を命令したときは、勤務した時間数に応じて、時間外勤務手当を支給する。時間外勤務手当の算式は、次による。
　　　　時間外勤務手当＝（基本給＋住宅手当＋役付手当）／1ヵ月平均所定勤務時間数×1.25×時間外勤務時間数
2　1ヵ月60時間を超える時間外勤務については、割増率は50％とする。
3　管理監督者に対しては、時間外勤務手当は支給しない。

（休日勤務手当）
第20条　所定休日に勤務を命令したときは、勤務した時間数に応じて、休日勤務手当を支給する。休日勤務手当の算式は、次による。
　　　　休日勤務手当＝（基本給＋住宅手当＋役付手当）／1ヵ月平均所定勤務時間数×1.35×休日勤務時間数
2　管理監督者に対しては、休日勤務手当は支給しない。

第4章　昇給（基本給の改訂）

（昇給）
第21条　毎年4月に基本給の昇給を行う。ただし、会社の業績が良好でないときは、昇給を行わないことがある。

第1章　給与規程

（昇給の対象者）
第22条　昇給の対象者は、前年の勤務成績および勤務態度が良好な者とする。
（勤続給の昇給）
第23条　勤続給は、4月1日現在の勤続年数に対応する金額に引き上げる。
（年齢給の昇給）
第24条　年齢給は、4月1日現在の年齢に対応する金額に引き上げる。
（仕事給の昇給基準）
第25条　仕事給の昇給額は、個人ごとに次の事項を総合的に評価して決定する。
　　　⑴　職務遂行能力の向上の程度
　　　⑵　業務成績
　　　⑶　日常の勤務態度
（降給）
第26条　次のいずれかに該当する者については、仕事給を引き下げることがある。
　　　⑴　勤務態度が著しく良くない者
　　　⑵　勤務成績が著しく良くない者

第5章　賞与

（支給時期）
第27条　毎年6月および12月の2回、賞与を支給する。ただし、会社の業績が良好でないときは、支給しないことがある。
（計算期間）
第28条　賞与の計算期間は、次のとおりとする。
　　　　　⑴　夏季賞与　　　前年10月1日～当年3月31日
　　　　　⑵　年末賞与　　　4月1日～9月30日

(支給対象者)
第29条　賞与の支給対象者は、次の2つの条件を満たす者とする。
　　(1)　支給日当日在籍していること
　　(2)　計算期間中の出勤日数が60日以上であること
　2　定年退職者については、支給日当日在籍していなくても支給する。

(支給基準)
第30条　賞与の支給額は、計算期間における各人の勤務成績および勤務態度を評価して決定する。

(付則)　この規程は、　　年　月　日から施行する。

(別表1)　勤続給表

勤続年数	勤続給
1～5年以下	1年につき1,000円
6～10年以下	1年につき800円
11～20年以下	1年につき600円
21年以上	1年につき400円

第1章　給与規程

（別表２）　年齢給表

年齢	年齢給	昇給幅	年齢	年齢給	昇給幅
18	100,000	—	40	155,000	2,000
19	102,000	2,000	41	157,000	〃
20	104,000	〃	42	159,000	〃
21	106,000	〃	43	161,000	〃
22	108,000	〃	44	163,000	〃
23	110,000	〃	45	165,000	〃
24	112,000	〃	46	166,000	1,000
25	115,000	3,000	47	167,000	〃
26	118,000	〃	48	168,000	〃
27	121,000	〃	49	169,000	〃
28	124,000	〃	50	170,000	〃
29	127,000	〃	51	170,000	0
30	130,000	〃	52	170,000	〃
31	133,000	〃	53	170,000	〃
32	136,000	〃	54	170,000	〃
33	139,000	〃	55	170,000	〃
34	142,000	〃	56	170,000	〃
35	145,000	〃	57	170,000	〃
36	147,000	2,000	58	170,000	〃
37	149,000	〃	59	170,000	〃
38	151,000	〃	60	170,000	〃
39	153,000	〃			

第4節　職能給方式の給与規程

1　職能給方式とは

　会社の中ではさまざまな仕事が行われているが、どのような仕事であっても、その仕事を正確、かつ、迅速に処理するためには一定の能力が必要である。すべての社員が高いレベルの能力を持っていることが理想であるが、実際には、社員によって差がある。高いレベルの能力を持っている社員もいれば、そうでない社員もいる。

　給与は、「労働の対価」である。このため、会社としては、社員一人ひとりについて職務遂行能力を公正に評価したうえで、その能力の程度に見合った給与を支給するのが合理的である。

　職務遂行能力のレベルに応じていくつかの資格等級を設けたうえで、社員一人ひとりについて、職務遂行能力を評価し、いずれかの資格等級へ格付けする制度を資格等級制度という。そして、資格等級に応じて給与を決める制度を「職能給制度」という。

　職能給制度は、職務遂行能力に見合った給与を支給するというものであるから、きわめて合理的である。

　しかし、その反面、社員の中高年化に伴って、上位の資格等級に格付けされる社員が増加し、結果的に会社の給与負担が増加するという問題点もある。

2　規程に盛り込む内容

①　計算期間
　給与の計算期間を定める。
②　支払日
　支払日を定める。
③　支払方法
　支払いについては、社員の同意を得て、口座振込みとするのが便

利である。
④ 控除
　給与から社会保険料と税金を控除することを定める。
⑤ 給与の構成
　給与は、基本給と諸手当とから構成することを明確にしておく。
⑥ 職能給の金額
　資格等級別に職能給の金額を定める。
⑦ 諸手当
　支給する手当について、その支給基準と支給額を定める。
⑧ 時間外勤務手当等
　労働基準法で支払いが義務づけられている時間外勤務手当および休日勤務手当について、その算出方法を明記しておく。あわせて、管理監督者については、これらの手当を支給しないことを明確にしておく。
⑨ 昇給
　職能給の昇給については、
　・同一の資格等級内における昇給
　・上位の資格等級への昇格に伴う昇給
の２つがある。それぞれについて、その具体的な取り扱いを定める。これにあわせ、「会社の業績が良好でないときは、昇給を行わないことがある」と定めておくとよい。
⑩ 賞与
　賞与について、支給時期、計算期間、支給対象者、支給基準を定める。これにあわせ、「会社の業績が良好でないときは、賞与を支給しないことがある」と定めておくとよい。

3　職能給方式の給与規程モデル

給与規程
第1章　総則

（総則）
第1条　この規程は、社員の給与について定める。
　　2　嘱託社員およびパートタイマーの給与については、別に定める。
（給与の構成）
第2条　給与は、基本給と諸手当をもって構成する。
（給与の形態）
第3条　給与は、月額をもって定める。
（計算期間）
第4条　給与の計算期間は、次のとおりとする。
　　　　（計算期間）　　前月21日～当月20日
（支払日）
第5条　給与は、毎月25日に支払う。当日が休日のときは、その前日に支払う。
　　2　計算期間の途中で入社した社員については、入社日から締切日までの給与を日割計算し、25日に支払う。
　　3　計算期間の途中で退職する社員に対しては、退職日までの給与を日割計算し、退職日以降7日以内に支払う。
（非常時払い）
第6条　社員が出産、疾病、災害その他非常の場合の費用に充てるために請求したときは、支払日前であっても、既往の勤務に対する給与を支払う。
（支払方法）
第7条　給与は、本人が届け出た預貯金口座に振り込むことによって支払う。

第1章　給与規程

（控除）
第8条　給与から次に掲げるものを控除する。
　　　⑴　社会保険料
　　　⑵　所得税、住民税
　　　⑶　社員代表と協定したもの
（遅刻・欠勤等の控除）
第9条　遅刻、早退、私用外出および欠勤等、社員の責任によって就業しない時間または日があるときは、次の算式によって得られる金額を控除する。
　　　　控除額＝基本給の1時間当たり金額×就業しなかった時間数
　　2　役職者については、遅刻、欠勤等の控除は行わない。
（業績不振のとき）
第10条　会社の業績が著しく不振であるときは、一時的、臨時的に次に掲げる措置を講じることがある。
　　　⑴　基本給の引き下げ
　　　⑵　諸手当（時間外勤務手当および休日勤務手当は除く）の減額または不支給

第2章　基本給

（基本給）
第11条　基本給は、職務遂行能力によって設定した資格等級に応じて定める職能給とする。
　　2　資格等級基準は、別表1のとおりとする。
　　3　職能給は、別表2のとおりとする。
（採用時の職能給）
第12条　採用時の職能給は、次のとおりとする。
　　　　　高校卒　　　　　社員1級1号俸
　　　　　短大卒　　　　　社員2級1号俸

　　　　専門学校卒　　　社員2級1号俸
　　　　大学卒　　　　　社員3級1号俸
　2　中途採用者については、本人の能力に応じた等級・号俸に格付けし、その等級・号俸に対応する職能給を支給する。

第3章　諸手当

（家族手当）
第13条　扶養家族を有する者に、次の区分により家族手当を支給する。
　　　(1)　配偶者　　　　　　　　　15,000円
　　　(2)　第1子　　　　　　　　　 5,000円
　　　(3)　第2子　　　　　　　　　 4,000円
　　　(4)　第3子以下（1人につき）　3,500円
　　　(5)　父母（1人につき　　　　 5,000円
　2　子は18歳未満の者とする。
　3　親は、65歳以上で、かつ、主として本人の収入により生計を維持している者に限る。

（住宅手当）
第14条　借家または借間に居住する者に対して、次の区分により住宅手当を支給する。
　　　(1)　扶養家族を有する者　　　25,000円
　　　(2)　単身者　　　　　　　　　10,000円

（通勤手当）
第15条　公共交通機関を利用して通勤する者に対して、定期券代の実費を支給する。ただし、非課税限度額をもって支給限度とする。
　2　マイカーで通勤する者に対しては、定期券代相当額を支給する。

（役付手当）
第16条　役職者に対し、次の区分により役付手当を支給する。

第1章　給与規程

　　　(1)　部長　　　　　　　　　　70,000円
　　　(2)　課長　　　　　　　　　　40,000円
　　　(3)　係長　　　　　　　　　　20,000円

（時間外勤務手当）

第17条　所定時間外に勤務を命令したときは、勤務した時間数に応じて、時間外勤務手当を支給する。時間外勤務手当の算式は、次による。

　　　　時間外勤務手当＝（基本給＋住宅手当＋役付手当）／1ヵ月平均所定勤務時間数×1.25×時間外勤務時間数

　2　1ヵ月60時間を超える時間外勤務については、割増率は50％とする。

　3　管理監督者に対しては、時間外勤務手当は支給しない。

（休日勤務手当）

第18条　所定休日に勤務を命令したときは、勤務した時間数に応じて、休日勤務手当を支給する。休日勤務手当の算式は、次による。

　　　　休日勤務手当＝（基本給＋住宅手当＋役付手当）／1ヵ月平均所定勤務時間数×1.35×休日勤務時間数

　2　管理監督者に対しては、休日勤務手当は支給しない。

第4章　昇給

（昇給の時期）

第19条　毎年4月に職能給の昇給を行う。

（昇給の基準）

第20条　昇給は、過去1年間の勤務態度、職務遂行能力および勤務成績を評価して行う。

　2　昇給の額は人事考課の結果に応じ、次のとおりとする。

　　　　S評価　　　　　　5号俸昇給

　　　　A評価　　　　　３号俸昇給
　　　　B評価　　　　　２号俸昇給
　　　　C評価　　　　　１号俸昇給
　　　　D評価　　　　　昇給なし
（昇格昇給）
第21条　上位の資格等級に昇格したときは、昇格昇給を行う。昇格昇給は、別表３の区分による。
　　２　昇格後の号俸の取り扱いは、次のとおりとする。
　　　①　昇格直前の号俸に対応する職能給に昇格昇給額を加算した金額の職能給が昇格後の等級にあるときは、その額に対応する号俸
　　　②　昇格直前の号俸に対応する職能給に昇格昇給額を加算した金額の職能給が昇格後の等級にないときは、その額の直近上位の額に対応する号俸

第５章　賞与

（支給時期）
第22条　毎年６月および12月の２回、賞与を支給する。ただし、会社の業績が良好でないときは、支給しないことがある。
（計算期間）
第23条　賞与の計算期間は、次のとおりとする。
　　(1)　夏季賞与　　　　前年10月１日〜当年３月31日
　　(2)　年末賞与　　　　４月１日〜９月30日
（支給対象者）
第24条　賞与の支給対象者は、次の２つの条件を満たす者とする。
　　(1)　支給日当日在籍していること
　　(2)　計算期間中の出勤日数が60日以上であること
　　２　定年退職者については、支給日当日在籍していなくても支給する。

第1章　給与規程

（支給基準）
第25条　賞与の支給額は、計算期間における各人の勤務成績および勤務態度を評価して決定する。
（付則）　この規程は、　　年　月　日から施行する。

第1章　給与規程

（別表1）　資格等級基準表

資格等級	資格等級基準	備考
社員1級	上司または先輩社員の具体的・細部的な指示監督を受けて、または、あらかじめ定められた業務遂行手順を正しく理解し、日常の定型的・補助的な業務を正確に遂行する能力を有すること	高校新卒者
社員2級	一定の知識を踏まえ、上司または先輩社員の一般的な指示監督を受けて、または、あらかじめ定められた業務遂行手順にしたがって、日常の一般的な業務を正確、かつ、ある程度迅速に遂行する能力を有すること	短大新卒者
社員3級	比較的高いレベルの知識を踏まえ、上司または先輩社員の包括的な指示監督を受けて、日常の一般的な業務はもとより、判断を必要とする非定型的な業務についても、正確に遂行することができること	大学新卒者
社員4級	一定年数の実務経験と業務遂行に必要な知識・技術または技能を有し、単独で、一般的な業務はもとより、判断を必要とする非定型的な業務についても、正確、かつ、迅速に遂行できること	
社員5級	一定年数の実務経験と業務遂行に必要な知識・技術または技能を有し、職場の中核メンバーとして、非定型的・基幹的業務を的確な判断により効率的に遂行できると同時に、作業グループの取りまとめおよび後輩社員の指導もできること	
社員6級	係または係に相当する組織の長として、課長の包括的な指示に基づき、部下を適切に統率・指導し、所管業務を効率的に管理運営し、会社の業績に貢献できること。部下の動機付けを図りつつ、係の業務目標を達成できること	係長
社員7級	課または課に相当する組織の長として、部長の包括的な指示に基づき、部下を適切に統率・指導し、所管業務を効率的に管理運営し、会社の業績に貢献できること。業務を取り巻く状況を的確に把握し、かつ、部下の動機付けを図りつつ、課の業務目標を責任を持って達成できること	課長
社員8級	課または課に相当する組織の長として、部長の包括的な指示に基づき、部下を適切に統率・指導し、所管業務を効率的に管理運営できると同時に、豊かな経験と幅広い知識をもとに部長を適切に補佐できること。部長が不在のときは、部長の業務を臨時的に代行できること	部次長
社員9級	強力なリーダーシップをもとに、経営方針を正しく踏まえ、部または部に相当する組織の長として、所管業務を適切に管理運営できること。経営を取り巻く状況を的確に把握し、かつ、部下の動機付けを図りつつ、部の業務目標を責任を持って達成し、会社の業績に貢献できること。豊かな経験および幅広い知識を踏まえ、社長および役員をよく補佐できること	部長

第1章　給与規程

（別表２）　職能給表

号差	社員1級 800	社員2級 1000	社員3級 1200	社員4級 1500	社員5級 1500	社員6級 2000	社員7級 2500	社員8級 3000	社員9級 3500
1号	155,000	170,000	189,000	210,000	250,000	300,000	385,000	470,000	560,000
2号	155,800	171,000	190,200	211,500	251,500	302,000	387,500	473,000	563,500
3号	156,600	172,000	191,400	213,000	253,000	304,000	390,000	476,000	567,000
4号	157,400	173,000	192,600	214,500	254,500	306,000	392,500	479,000	570,500
5号	158,200	174,000	193,800	216,000	256,000	308,000	395,000	482,000	574,000
6号	159,000	175,000	195,000	217,500	257,500	310,000	397,500	485,000	577,500
7号	159,800	176,000	196,200	219,000	259,000	312,000	400,000	488,000	581,000
8号	160,600	177,000	197,400	220,500	260,500	314,000	402,500	491,000	584,500
9号	161,400	178,000	198,600	222,000	262,000	316,000	405,000	494,000	588,000
10号	162,200	179,000	199,800	223,500	263,500	318,000	407,500	497,000	591,500
11号	163,000	180,000	201,000	225,000	265,000	320,000	410,000	500,000	595,000
12号	163,800	181,000	202,200	226,500	266,500	322,000	412,500	503,000	598,500
13号	164,600	182,000	203,400	228,000	268,000	324,000	415,000	506,000	602,000
14号	165,400	183,000	204,600	229,500	269,500	326,000	417,500	509,000	605,500
15号	166,200	184,000	205,800	231,000	271,000	328,000	420,000	512,000	609,000
16号	167,000	185,000	207,000	232,500	272,500	330,000	422,500	515,000	612,500
17号	167,800	186,000	208,200	234,000	274,000	332,000	425,000	518,000	616,000
18号	168,600	187,000	209,400	235,500	275,500	334,000	427,500	521,000	619,500
19号	169,400	188,000	210,600	237,000	277,000	336,000	430,000	524,000	623,000
20号	170,200	189,000	211,800	238,500	278,500	338,000	432,500	527,000	626,500
21号	171,000	190,000	213,000	240,000	280,000	340,000	435,000	530,000	630,000
22号	171,800	191,000	214,200	241,500	281,500	342,000	437,500	533,000	633,500
23号	172,600	192,000	215,400	243,000	283,000	344,000	440,000	536,000	637,000
24号	173,400	193,000	216,600	244,500	284,500	346,000	442,500	539,000	640,500
25号	174,200	194,000	217,800	246,000	286,000	348,000	445,000	542,000	644,000
26号	175,000	195,000	219,000	247,500	287,500	350,000	447,500	545,000	647,500
27号			220,200	249,000	289,000	352,000	450,000	548,000	651,000
28号			221,400	250,500	290,500	354,000	452,500	551,000	654,500
29号			222,600	252,000	292,000	356,000	455,000	554,000	658,000
30号			223,800	253,500	293,500	358,000	457,500	557,000	661,500
31号			225,000	255,000	295,000	360,000	460,000	560,000	665,000
32号				256,500	296,500	362,000	462,500	563,000	668,500
33号				258,000	298,000	364,000	465,000	566,000	672,000
34号				259,500	299,500	366,000	467,500	569,000	675,500

35号			261,000	301,000	368,000	470,000	572,000	679,000
36号			262,500	302,500	370,000	472,500	575,000	682,500
37号			264,000	304,000	372,000	475,000	578,000	686,000
38号			265,500	305,500	374,000	477,500	581,000	689,500
39号			267,000	307,000	376,000	480,000	584,000	693,000
40号			268,500	308,500	378,000	482,500	587,000	696,500
41号			270,000	310,000	380,000	485,000	590,000	700,000
42号					382,000	487,500	593,000	703,500
43号					384,000	490,000	596,000	707,000
44号					386,000	492,500	599,000	710,500
45号					388,000	495,000	602,000	714,000
46号					390,000	497,500	605,000	717,500
47号					392,000	500,000	608,000	721,000
48号					394,000	502,500	611,000	724,500
49号					396,000	505,000	614,000	728,000
50号					398,000	507,500	617,000	731,500
51号					400,000	510,000	620,000	735,000

(別表3) 昇格昇給表

昇格	昇給額
社員1級から社員2級へ	6,000
社員2級から社員3級へ	7,000
社員3級から社員4級へ	8,000
社員4級から社員5級へ	10,000
社員5級から社員6級へ	12,000
社員6級から社員7級へ	15,000
社員7級から社員8級へ	20,000
社員8級から社員9級へ	25,000

第1章　給与規程

4　関連様式
（様式1）　人事考課表（社員1級・2級・3級／昇給用）

人事考課表　社員1級・2級・3級　昇給用

被考課者	所属		氏名		資格等級	
考課対象期間	態度考課・成績考課		平成　年　月　日　～　平成　年　月　日			
	能力考課		考課実施時点			

	区分	態度考課・成績考課	能力考課
評価	S	まったく申し分なかった	きわめて優れている
	A	申し分なかった	優れている
	B	普通	普通
	C	やや不十分だった	やや劣る
	D	不十分だった	劣る

考課項目		着眼点	評価
態度考課	規律性	①無断欠勤や遅刻、早退はなかったか。 ②上司、役職者の指示命令によく従って仕事をしたか。	S A B C D 15 12 9 6 3
	協調性	①職場の人間関係を大切にしたか。上司、同僚と仲良く仕事をしたか。 ②忙しいときは、同僚の仕事を自発的に手伝ったか。	S A B C D 15 12 9 6 3
	積極性	①与えられた以上の仕事をしようとする姿勢が感じられたか。 ②むずかしい仕事にも自ら進んで取り組んだか。	S A B C D 15 12 9 6 3
	責任性	①与えられた仕事を最後までやり終えたか。 ②仕事の期限、期日はきちんと守ったか。 ③安易に上司や同僚に頼ることはなかったか。	S A B C D 15 12 9 6 3
能力考課	業務知識	①担当する仕事に必要な知識を習得しているか。 ②業務マニュアルを正しく理解しているか。	S A B C D 5 4 3 2 1
	技術・技能	①正しいやり方で仕事ができるか。正しいやり方で実際に仕事をしているか。 ②仕事の進め方、やり方にムリ、ムダ、ムラはないか。 ③安心して仕事を任せることができるか。	S A B C D 5 4 3 2 1
	理解力	①会社や上司の指示命令を正確にとらえることができるか。 ②肝心なポイントや重要な指示を聞きもらすことはないか。 ③同じことを何回も繰り返して質問することはないか。	S A B C D 10 8 6 4 2
成績考課	仕事の質	①仕事は正確であったか。 ②仕事の出来栄えは立派であったか。格付けされている資格等級にふさわしい仕事をしたか。 ③取引先や消費者からクレームや苦情がくるようなことはなかったか。	S A B C D 10 8 6 4 2
	仕事の量	①迅速に仕事をしたか。 ②仕事の量はどうであったか。格付けされている資格等級にふさわしい量の仕事をしたか。 ③所定のスケジュール通りに仕事をこなしたか。スケジュールに遅れが生じるようなことはなかったか。	S A B C D 10 8 6 4 2
合計（100点満点）			点

所見		考課者印

第1章　給与規程

（様式2）　人事考課表（社員4級・5級・6級／昇給用）

人事考課表　社員4級・5級・6級　昇給用

被考課者	所属	氏名		資格等級	
考課対象期間	態度考課・成績考課	平成　年　月　日　～　平成　年　月　日			
	能力考課	考課実施時点			

	区分	態度考課・成績考課	能力考課
評価	S	まったく申し分なかった	きわめて優れている
	A	申し分なかった	優れている
	B	普通	普通
	C	やや不十分だった	やや劣る
	D	不十分だった	劣る

	考課項目	着眼点	評価
態度考課	協調性	①職場の人間関係を大切にしたか。上司、同僚と仲良く仕事をしたか。 ②忙しいときは、同僚の仕事を自発的に手伝ったか。	S A B C D 10 8 6 4 2
	積極性	①与えられた以上の仕事をしようとする姿勢が感じられたか。 ②難しい仕事にも自ら進んで取り組んだか。	S A B C D 15 12 9 6 3
	責任性	①与えられた仕事を最後までやり終えたか。 ②仕事の期限、期日はきちんと守ったか。 ③安易に上司や同僚に頼ることはなかったか。	S A B C D 15 12 9 6 3
能力考課	業務知識	①相当する仕事に必要な知識を習得しているか。 ②業務マニュアルを正しく理解しているか。	S A B C D 5 4 3 2 1
	技術・技能	①正しいやり方で仕事ができるか。正しいやり方で実際に仕事をしているか。 ②仕事の進め方、やり方にムリ、ムダ、ムラはないか。 ③安心して仕事を任せることができるか。	S A B C D 5 4 3 2 1
	判断力	①状況を的確にとらえ、適切な行動ができるか。 ②仕事の優先度、緊急度を正しく決めることができるか。仕事の優先順位の決定に誤りはないか。 ③臨機応変に対処できるか。	S A B C D 5 4 3 2 1
	創意工夫力	①担当する仕事の手段・方法について改善の努力をしているか。 ②仕事の改善策やムダの排除について具体的で有効な提案をしているか。 ③問題意識を持って仕事に取り組んでいるか。	S A B C D 5 4 3 2 1
	指導監督力	①仕事の正しいやり方を新人社員や後輩社員によく教えているか。 ②新入社員、後輩の意見に十分に耳を傾けているか。 ③仕事上の指示監督を十分に行っているか。	S A B C D 10 8 6 4 2
成績考課	仕事の質	①仕事は正確であったか。 ②仕事の出来栄えは立派であったか。格付けされている資格等級にふさわしい仕事をしたか。 ③取引先や消費者からクレームや苦情がくるようなことはなかったか。	S A B C D 15 12 9 6 3
	仕事の量	①迅速に仕事をしたか。 ②仕事の量はどうであったか。格付けされている資格等級にふさわしい量の仕事をしたか。 ③所定のスケジュール通りに仕事をこなしたか。スケジュールに遅れが生じるようなことはなかったか。	S A B C D 15 12 9 6 3
	合計（100点満点）		点

所見		考課者印

第1章　給与規程

（様式3）　人事考課表（社員7級・8級・9級／昇給用）

<table>
<tr><th colspan="4">人事考課表</th><th>社員7級・8級・9級</th><th>昇給用</th></tr>
<tr><td>被考課者</td><td>所属</td><td colspan="2">氏名</td><td colspan="2">資格等級</td></tr>
<tr><td rowspan="2">考課対象期間</td><td>態度考課・成績考課</td><td colspan="4">平成　年　月　日　～　平成　年　月　日</td></tr>
<tr><td>能力考課</td><td colspan="4">考課実施時点</td></tr>
</table>

評価	区分	態度考課・成績考課	能力考課
	S	まったく申し分なかった	きわめて優れている
	A	申し分なかった	優れている
	B	普通	普通
	C	やや不十分だった	やや劣る
	D	不十分だった	劣る

	考課項目	着眼点	評価
態度考課	積極性	①与えられた以上の仕事をしようとする姿勢が感じられたか。 ②難しい仕事にも自ら進んで取り組んだか。 ③仕事の範囲の拡大に積極的に取り組んだか。	S A B C D 5 4 3 2 1
	責任性	①与えられた仕事を最後までやり終えたか。 ②仕事の期限、期日はきちんと守ったか。 ③幹部社員としての自覚に欠ける言動はなかったか。	S A B C D 5 4 3 2 1
	経営意識	①経営方針や経営理念を正しく理解して業務に当たったか。 ②経営への参画意識を持っていたか。 ③担当部門の枠にとらわれることなく、会社全体の利益を考えて行動したか。	S A B C D 10 8 6 4 2
能力考課	業務知識	①担当する仕事に必要な知識を習得しているか。 ②担当する仕事の手段・方法について、その原理を知っているか。 ③仕事に関連する規則・規定、法令を正しく理解しているか。	S A B C D 10 8 6 4 2
	決断力	①仕事上の決定の内容は的確であるか。 ②不確実な状況や情報不足の状況でも、的確な決定ができるか。 ③決定をためらったり、引き延ばしたりすることはないか。	S A B C D 10 8 6 4 2
	企画力	①担当する仕事の目的を効果的・効率的に達成するために、その手段・方法を具体的かつ整合的に立案できるか。 ②前例や慣行にとらわれないで新しい考え方ができるか。 ③目的にあった現実的なプランを提出することができるか。	S A B C D 10 8 6 4 2
	管理統率力	①人員、予算、機械、設備等を効果的に活用して部門の運営に当たっているか。 ②部下を掌握し、やる気を高める工夫をしているか。 ③部下に対し、部門の目標や方針を明確にしているか。部門の目標や方針を正しく理解させているか。	S A B C D 10 8 6 4 2
成績考課	仕事の質	①仕事の出来栄えは立派であったか。格付けされている資格等級にふさわしい仕事をしたか。 ②仕事のミスはなかったか。 ③取引先や消費者からクレームや苦情がくるようなことはなかったか。	S A B C D 20 16 12 8 4
	仕事の量	①格付けされている資格等級にふさわしい量の仕事をしたか。 ②所定のスケジュール通りに仕事をこなしたか。スケジュールに遅れが生じるようなことはなかったか。 ③目標の達成率はどうであったか。	S A B C D 20 16 12 8 4
		合　計（100点満点）	点

所見		考課者印

（様式4） 人事考課表（社員1級・2級・3級／賞与用）

<table>
<tr><td colspan="6" align="center">人事考課表　社員1級・2級・3級　賞与用</td></tr>
<tr><td>被考課者</td><td>所属</td><td>氏名</td><td></td><td>資格等級</td><td></td></tr>
<tr><td colspan="2">考課対象期間</td><td colspan="4">平成　年　月　日～平成　年　月　日</td></tr>
</table>

（評価基準）　S＝まったく申し分なかった
　　　　　　　A＝申し分なかった
　　　　　　　B＝普通
　　　　　　　C＝やや不十分だった
　　　　　　　D＝不十分だった

	考課項目	着　眼　点	評　価
態度考課	規律性	①無断欠勤や遅刻、早退はなかったか。 ②上司、役職者の指示命令によく従って仕事をしたか。	S A B C D 10 8 6 4 2
	協調性	①職場の人間関係を大切にしたか。上司、同僚と仲良く仕事をしたか。 ②忙しいときは、同僚の仕事を自発的に手伝ったか。	S A B C D 10 8 6 4 2
	積極性	①与えられた以上の仕事をしようとする姿勢が感じられたか。 ②難しい仕事にも自ら進んで取り組んだか。	S A B C D 15 12 9 6 3
	責任性	①与えられた仕事を最後までやり終えたか。 ②仕事の期限、期日はきちんと守ったか。 ③安易に上司や同僚に頼ることはなかったか。	S A B C D 15 12 9 6 3
成績考課	仕事の質	①仕事は正確であったか。 ②仕事の出来栄えは立派であったか。格付けされている資格等級にふさわしい仕事をしたか。 ③取引先や消費者からクレームや苦情がくるようなことはなかったか。	S A B C D 25 20 15 10 5
	仕事の量	①迅速に仕事をしたか。 ②仕事の量はどうであったか。格付けされている資格等級にふさわしい量の仕事をしたか。 ③所定のスケジュール通りに仕事をこなしたか。スケジュールに遅れが生じるようなことはなかったか。	S A B C D 25 20 15 10 5
		合　計　（100点満点）	点

所見		考課者印

（様式5）　人事考課表（社員4級・5級・6級／賞与用）

人事考課表　社員4級・5級・6級　賞与用

被考課者	所属		氏名		資格等級	
考課対象期間	平成　年　月　日～平成　年　月　日					

（評価基準）　S＝まったく申し分なかった
　　　　　　　A＝申し分なかった
　　　　　　　B＝普通
　　　　　　　C＝やや不十分だった
　　　　　　　D＝不十分だった

考課項目		着眼点	評価
態度考課	協調性	①職場の人間関係を大切にしたか。上司、同僚と仲良く仕事をしたか。 ②忙しいときは、同僚の仕事を自発的に手伝ったか。	S A B C D 10 8 6 4 2
	積極性	①与えられた以上の仕事をしようとする姿勢が感じられたか。 ②難しい仕事にも自ら進んで取り組んだか。	S A B C D 20 16 12 8 4
	責任性	①与えられた仕事を最後までやり終えたか。 ②仕事の期限、期日はきちんと守ったか。 ③安易に上司や同僚に頼ることはなかったか。	S A B C D 20 16 12 8 4
成績考課	仕事の質	①仕事は正確であったか。 ②仕事の出来栄えは立派であったか。格付けされている資格等級にふさわしい仕事をしたか。 ③取引先や消費者からクレームや苦情がくるようなことはなかったか。	S A B C D 25 20 15 10 5
	仕事の量	①迅速に仕事をしたか。 ②仕事の量はどうであったか。格付けされている資格等級にふさわしい量の仕事をしたか。 ③所定のスケジュール通りに仕事をこなしたか。スケジュールに遅れが生じるようなことはなかったか。	S A B C D 25 20 15 10 5
合　計（100点満点）			点

所見		考課者印

(様式6)　人事考課表(社員7級・8級・9級／賞与用)

	人事考課表	社員7級・8級・9級	賞与用

被考課者	所属		氏名		資格等級	
考課対象期間		平成　年　月　日～平成　年　月　日			

(評価基準)　S＝まったく申し分なかった
　　　　　　A＝申し分なかった
　　　　　　B＝普通
　　　　　　C＝やや不十分だった
　　　　　　D＝不十分だった

	考課項目	着眼点	評価
態度考課	積極性	①与えられた以上の仕事をしようとする姿勢が感じられたか。 ②難しい仕事にも自ら進んで取り組んだか。 ③仕事の範囲の拡大に積極的に取り組んだか。	S A B C D 10 8 6 4 2
	責任性	①与えられた仕事を最後までやり終えたか。 ②仕事の期限、期日はきちんと守ったか。 ③幹部社員としての自覚に欠ける言動はなかったか。	S A B C D 5 4 3 2 1
	経営意識	①経営方針や経営理念を正しく理解して業務に当たったか。 ②経営への参画意識を持っていたか。 ③担当部門の枠にとらわれることなく、会社全体の利益を考えて行動したか。	S A B C D 5 4 3 2 1
成績考課	仕事の質	①仕事の出来栄えは立派であったか。格付けされている資格等級にふさわしい仕事をしたか。 ②仕事のミスはなかったか。 ③取引先や消費者からクレームや苦情がくるようなことはなかったか。	S A B C D 40 32 24 16 8
	仕事の量	①格付けされている資格等級にふさわしい量の仕事をしたか。 ②所定のスケジュール通りに仕事をこなしたか。スケジュールに遅れが生じるようなことはなかったか。 ③目標の達成率はどうであったか。	S A B C D 40 32 24 16 8
合　計（100点満点）			点

所見		考課者印

第5節　年齢給・職能給方式の給与規程

1　年齢給・職能給方式とは

　給与は、「生計費の保障」と「労働の対価」という2つの性格をあわせ持っている。「生計費の保障」という性格だけでもなければ、「労働の対価」という性格だけでもない。

　年齢給・職能給方式とは、
　・生計費の保障としての「年齢給」（年齢別に決める給与項目）
　・労働の対価としての「職能給」
とから基本給を構成するというものである。

　この方式は、生計費の保障と労働の対価という、給与の持つ2つの性格に対応できるものであるから、給与の決定方式として合理的である。

2　規程に盛り込む内容

　①　基本給の構成
　　基本給は、
　　・年齢によって決める「年齢給」
　　・職務遂行能力によって決める「職能給」
　とから構成する。
　②　年齢給
　　年齢給の金額を具体的に明示する。
　③　職能給
　　資格等級別に職能給の金額を定める。
　④　諸手当
　　支給する手当について、その支給基準と支給額を定める。
　⑤　年齢給の昇給
　　年齢給については、4月1日現在の年齢に対応した金額に引き上

げる。
⑥　職能給の昇給
　職能給の昇給については、
　　・同一の資格等級内における昇給
　　・上位の資格等級への昇格に伴う昇給
の２つがある。それぞれについて、その具体的な取り扱いを定める。
⑦　賞与
　賞与について、支給時期、計算期間、支給対象者、支給基準を定める。

3　年齢給・職能給方式の給与規程モデル

給与規程
第1章　総則

（総則）
第1条　この規程は、社員の給与について定める。
　2　嘱託社員およびパートタイマーの給与については、別に定める。

（給与の構成・形態）
第2条　給与は、基本給と諸手当をもって構成し、月額で定める。

（計算期間）
第3条　給与の計算期間は、次のとおりとする。
　　　　（計算期間）　　前月21日〜当月20日

（支払日）
第4条　給与は、毎月25日に支払う。当日が休日のときは、その前日に支払う。
　2　計算期間の途中で退職する社員に対しては、退職日までの給与を日割計算し、退職日以降7日以内に支払う。
　3　計算期間の途中で入社した社員に対しては、入社日から締切日までの給与を日割計算し、25日に支払う。

（支払方法）
第5条　給与は、本人が指定した預貯金口座に振り込むことによって支払う。

（控除）
第6条　給与から次に掲げるものを控除する。
　(1)　社会保険料
　(2)　所得税、住民税
　(3)　社員代表と協定したもの

（遅刻・欠勤等の控除）
第7条　遅刻、早退、私用外出および欠勤等、社員の責任によって就業しない時間または日があるときは、次の算式によって得られる金額を控除する。
　　　　控除額＝基本給の1時間当たり金額×就業しなかった時間数
　2　役職者については、遅刻、欠勤等の控除は行わない。

第2章　基本給

（基本給の構成）
第8条　基本給は、年齢給と職能給とから構成する。
（年齢給）
第9条　年齢給は、4月1日現在の年齢に応じて決めるものとし、別表1のとおりとする。
（職能給）
第10条　職能給は、職務遂行能力によって設定した資格等級に応じて決めるものとし、別表2のとおりとする。
（採用時の職能給）
第11条　採用時の職能給は、次のとおりとする。
　　　　高校卒　　　　社員1級1号俸
　　　　短大卒　　　　社員2級1号俸
　　　　専門学校卒　　社員2級1号俸
　　　　大学卒　　　　社員3級1号俸
　2　中途採用者については、本人の能力に応じた等級・号俸に格付けし、その等級・号俸に対応する職能給を支給する。

第3章　諸手当

（家族手当）
第12条　扶養家族を有する者に、次の区分により家族手当を支給する。

　　　　(1)　配偶者　　　　　　　　　15,000円
　　　　(2)　第1子　　　　　　　　　 5,000円
　　　　(3)　第2子　　　　　　　　　 4,000円
　　　　(4)　第3子以下（1人につき）　3,500円
　　　　(5)　父母（1人につき）　　　 5,000円
　　2　子は18歳未満の者とする。
　　3　親は、65歳以上で、かつ、主として本人の収入により生計を維持している者に限る。
（通勤手当）
第13条　公共交通機関を利用して通勤する者に対して、定期券代の実費を支給する。ただし、非課税限度額をもって支給限度とする。
（役付手当）
第14条　役職者に対し、次の区分により役付手当を支給する。
　　　　(1)　部長　　　　　　　　　　70,000円
　　　　(2)　課長　　　　　　　　　　40,000円
　　　　(3)　係長　　　　　　　　　　20,000円
（時間外・休日勤務手当）
第15条　所定時間外または休日に勤務を命令したときは、勤務した時間数に応じて、時間外勤務手当または休日勤務手当を支給する。
　　2　管理監督者に対しては、時間外勤務手当および休日勤務手当は支給しない。

第4章　昇給

（昇給の時期）
第16条　昇給は、毎年4月に行う。
（年齢給の昇給）
第17条　年齢給は、4月1日の年齢に対応した金額に引き上げる。

（職能給の昇給）
第18条　職能給の昇給は、過去1年間の勤務態度および勤務成績等を評価して行う。
　　2　昇給の額は人事考課の結果に応じ、次のとおりとする。
　　　　S評価　　　5号俸昇給
　　　　A評価　　　3号俸昇給
　　　　B評価　　　2号俸昇給
　　　　C評価　　　1号俸昇給
　　　　D評価　　　昇給なし

（昇格昇給）
第19条　上位の資格等級に昇格したときは、昇格昇給を行う。昇格昇給は、別表3の区分による。
　　2　昇格後の号俸の取り扱いは、次のとおりとする。
　　　①　昇格直前の号俸に対応する職能給に昇格昇給額を加算した金額の職能給が昇格後の等級にあるときは、その額に対応する号俸
　　　②　昇格直前の号俸に対応する職能給に昇格昇給額を加算した金額の職能給が昇格後の等級にないときは、その額の直近上位の額に対応する号俸

第5章　賞与

（支給時期）
第20条　毎年6月および12月の2回、支給日に在籍する者に対し、賞与を支給する。ただし、会社の業績が良好でないときは、支給しないことがある。

（計算期間）
第21条　賞与の計算期間は、次のとおりとする。
　　　⑴　夏季賞与　　　前年10月1日～当年3月31日
　　　⑵　年末賞与　　　4月1日～9月30日

第1章 給与規程

(支給基準)
第22条 賞与の支給額は、計算期間における各人の勤務成績および勤務態度を評価して決定する。
(付則) この規程は、　年　月　日から施行する。

(別表１) 年齢給表

年齢	年齢給	昇給幅	年齢	年齢給	昇給幅
18	100,000	―	40	155,000	2,000
19	102,000	2,000	41	157,000	〃
20	104,000	〃	42	159,000	〃
21	106,000	〃	43	161,000	〃
22	108,000	〃	44	163,000	〃
23	110,000	〃	45	165,000	〃
24	112,000	〃	46	166,000	1,000
25	115,000	3,000	47	167,000	〃
26	118,000	〃	48	168,000	〃
27	121,000	〃	49	169,000	〃
28	124,000	〃	50	170,000	〃
29	127,000	〃	51	170,000	0
30	130,000	〃	52	170,000	〃
31	133,000	〃	53	170,000	〃
32	136,000	〃	54	170,000	〃
33	139,000	〃	55	170,000	〃
34	142,000	〃	56	170,000	〃
35	145,000	〃	57	170,000	〃
36	147,000	2,000	58	170,000	〃
37	149,000	〃	59	170,000	〃
38	151,000	〃	60	170,000	〃
39	153,000	〃			

（別表２） 職能給表

号差	社員1級 800	社員2級 1000	社員3級 1200	社員4級 1500	社員5級 1800	社員6級 2100	社員7級 2500	社員8級 3000	社員9級 3500
1号	50,000	70,000	90,000	120,000	150,000	200,000	250,000	300,000	350,000
2号	50,800	71,000	91,200	121,500	151,800	202,100	252,500	303,000	353,500
3号	51,600	72,000	92,400	123,000	153,600	204,200	255,000	306,000	357,000
4号	52,400	73,000	93,600	124,500	155,400	206,300	257,500	309,000	360,500
5号	53,200	74,000	94,800	126,000	157,200	208,400	260,000	312,000	364,000
6号	54,000	75,000	96,000	127,500	159,000	210,500	262,500	315,000	367,500
7号	54,800	76,000	97,200	129,000	160,800	212,600	265,000	318,000	371,000
8号	55,600	77,000	98,400	130,500	162,600	214,700	267,500	321,000	374,500
9号	56,400	78,000	99,600	132,000	164,400	216,800	270,000	324,000	378,000
10号	57,200	79,000	100,800	133,500	166,200	218,900	272,500	327,000	381,500
11号	58,000	80,000	102,000	135,000	168,000	221,000	275,000	330,000	385,000
12号	58,800	81,000	103,200	136,500	169,800	223,100	277,500	333,000	388,500
13号	59,600	82,000	104,400	138,000	171,600	225,200	280,000	336,000	392,000
14号	60,400	83,000	105,600	139,500	173,400	227,300	282,500	339,000	395,500
15号	61,200	84,000	106,800	141,000	175,200	229,400	285,000	342,000	399,000
16号	62,000	85,000	108,000	142,500	177,000	231,500	287,500	345,000	402,500
17号	62,800	86,000	109,200	144,000	178,800	233,600	290,000	348,000	406,000
18号	63,600	87,000	110,400	145,500	180,600	235,700	292,500	351,000	409,500
19号	64,400	88,000	111,600	147,000	182,400	237,800	295,000	354,000	413,000
20号	65,200	89,000	112,800	148,500	184,200	239,900	297,500	357,000	416,500
21号	66,000	90,000	114,000	150,000	186,000	242,000	300,000	360,000	420,000
22号	66,800	91,000	115,200	151,500	187,800	244,100	302,500	363,000	423,500
23号	67,600	92,000	116,400	153,000	189,600	246,200	305,000	366,000	427,000
24号	68,400	93,000	117,600	154,500	191,400	248,300	307,500	369,000	430,500
25号	69,200	94,000	118,800	156,000	193,200	250,400	310,000	372,000	434,000
26号	70,000	95,000	120,000	157,500	195,000	252,500	312,500	375,000	437,500
27号			121,200	159,000	196,800	254,600	315,000	378,000	441,000
28号			122,400	160,500	198,600	256,700	317,500	381,000	444,500
29号			123,600	162,000	200,400	258,800	320,000	384,000	448,000
30号			124,800	163,500	202,200	260,900	322,500	387,000	451,500
31号			126,000	165,000	204,000	263,000	325,000	390,000	455,000
32号				166,500	205,800	265,100	327,500	393,000	458,500
33号				168,000	207,600	267,200	330,000	396,000	462,000
34号				169,500	209,400	269,300	332,500	399,000	465,500

第1章　給与規程

35号					171,000	211,200	271,400	335,000	402,000	469,000
36号					172,500	213,000	273,500	337,500	405,000	472,500
37号					174,000	214,800	275,600	340,000	408,000	476,000
38号					175,500	216,600	277,700	342,500	411,000	479,500
39号					177,000	218,400	279,800	345,000	414,000	483,000
40号					178,500	220,200	281,900	347,500	417,000	486,500
41号					180,000	222,000	284,000	350,000	420,000	490,000
42号							286,100	352,500	423,000	493,500
43号							288,200	355,000	426,000	497,000
44号							290,300	357,500	429,000	500,500
45号							292,400	360,000	432,000	504,000
46号							294,500	362,500	435,000	507,500
47号							296,600	365,000	438,000	511,000
48号							298,700	367,500	441,000	514,500
49号							300,800	370,000	444,000	518,000
50号							302,900	372,500	447,000	521,500
51号							305,000	375,000	450,000	525,000

（別表3）　昇格昇給表

昇格	昇給額
社員1級から社員2級へ	6,000
社員2級から社員3級へ	7,000
社員3級から社員4級へ	8,000
社員4級から社員5級へ	10,000
社員5級から社員6級へ	12,000
社員6級から社員7級へ	15,000
社員7級から社員8級へ	20,000
社員8級から社員9級へ	25,000

第6節　職務給方式の給与規程

1　職務給方式とは

　メーカーでは、原材料の仕入れ、生産、検査、包装、営業、物流、研究、事務、管理など、さまざまな種類の仕事（職務）が行われている。商業では、仕入れ、陳列、販売、宣伝、事務、管理など、さまざまな種類の仕事（職務）が行われている。建設業では、営業、設計、建設、技術開発、事務、管理など、さまざまな種類の仕事（職務）が行われている。

　仕事によって、要求される能力が異なる。責任の度合いも異なる。さらに、作業環境も異なる。

　また、どの仕事についても、その仕事に従事している社員の習熟度は異なる。仕事の進め方にきわめて習熟し、仕事を迅速、かつ、正確に遂行する社員もいれば、習熟度が低く、迅速さ、正確さに欠ける者もいる。

　仕事の種類（職務）ごとに、その仕事の責任の重さ、遂行の困難さに応じて一定の範囲で給与を決定したうえで、社員一人ひとりについて、その仕事への習熟度を評価して給与を決める方式を「職務給」という。この方式は、
・仕事の難易度、責任度を給与に反映できる
・社員一人ひとりについて、担当する仕事に対する習熟度を評価して給与を決定できる
という性格を持っているため、きわめて合理的である。

2　規程に盛り込む内容

① 適用対象者の範囲

　給与規程の適用対象者の範囲を定める。一般的にいえば、正社員だけに適用し、パートタイマー、嘱託社員などの非正規社員につい

ては、別の独立した給与規程を作成するのが適切である。
② 給与の形態
　正社員については、月給制が一般的である。
③ 計算期間
　給与の計算期間を定める。
④ 支払日
　支払日を定める。
⑤ 支払方法
　労働基準法は、給与の支払について、「給与は、通貨で支払わなければならない」と定めているが、社員の同意を得て、口座振込みとするのが便利である。
⑥ 控除
　給与から社会保険料と税金を控除することを定める。
⑦ 欠勤・遅刻等の不就業時間の取り扱い
　給与から欠勤や遅刻・早退などに伴う不就業時間分を控除するときは、その取り扱いを定める。控除の方法には、
　・基本給についてのみ控除する
　・基本給に諸手当も含めた基準内給与について控除する
などがある。
⑧ 給与の構成
　給与は、基本給と諸手当とから構成することを明確にしておく。
⑨ 基本給の決め方
　基本給は、職務ごとに、遂行の困難さ、責任の重さを評価して一定の幅で決定する。
⑩ 諸手当
　基本給を補完する目的で、家族手当、住宅手当、通勤手当、役付手当などの手当を支給している会社が多い。手当を支給するときは、一つひとつの手当について、その支給基準と支給額を具体的に定める。

⑪　時間外勤務手当等の取り扱い
　時間外勤務手当および休日勤務手当について、その算出方法を明記しておく。あわせて、管理監督者については、これらの手当は支給しないことを明確にしておく。
⑫　昇給の時期
　実施時期については、
　　・毎年１回、定期的に実施する
　　・２年に１回の割合で実施する
　　・必要が生じたときに実施する
などがある。
　経営を取り巻く環境が激しく変化し、その影響を受けることを考慮すると、定期昇給を行う場合においても、「会社の業績が良好でないときは、昇給を行わないことがある」と定めておくとよい。
⑬　昇給の対象者
　昇給を行うときは、その対象者を定める。
⑭　昇給の基準
　昇給の金額は、職務遂行能力の向上の程度、勤務成績、勤務態度などを評価して決定することを明確にしておく。
⑮　給与の引き下げ
　次ぎのいずれかに該当する者については、給与を引き下げることがあることを定めておく。
　　・勤務態度が著しく良くない者
　　・勤務成績が著しく良くない者
⑯　賞与の支給時期
　賞与の支給時期、計算期間、支給対象者、支給基準などを定める。

3 職務給方式の給与規程モデル

給与規程
第1章　総則

（総則）
第1条　この規程は、社員の給与について定める。
　　2　嘱託社員およびパートタイマーの給与については、別に定める。
（給与の構成）
第2条　給与は、基本給と諸手当をもって構成する。
（給与の形態）
第3条　給与は、月額をもって定める。
（計算期間）
第4条　給与の計算期間は、次のとおりとする。
　　　　（計算期間）　　　前月21日〜当月20日
（支払日）
第5条　給与は、毎月25日に支払う。当日が休日のときは、その前日に支払う。
　　2　計算期間の途中で退職する社員に対しては、退職日までの給与を日割計算し、退職日以降7日以内に支払う。
（非常時払い）
第6条　社員が出産、疾病、災害その他非常の場合の費用に充てるために請求したときは、支払日前であっても、既往の勤務に対する給与を支払う。
（支払方法）
第7条　給与は、本人が指定した預貯金口座に振り込むことによって支払う。
（控除）
第8条　給与から次に掲げるものを控除する。

(1)　社会保険料
　　　(2)　所得税、住民税
　　　(3)　社員代表と協定したもの
（遅刻・欠勤等の控除）
第9条　遅刻、早退、私用外出および欠勤等、社員の責任によって就業しない時間または日があるときは、次の算式によって得られる金額を控除する。
　　　　控除額＝基本給の1時間当たり金額×就業しなかった時間数
　2　役職者については、遅刻、欠勤等の控除は行わない。
（業績不振のとき）
第10条　会社の業績が著しく不振であるときは、一時的、臨時的に次に掲げる措置を講じることがある。
　　　(1)　基本給の引き下げ
　　　(2)　諸手当（時間外勤務手当および休日勤務手当は除く）の減額または不支給

第2章　基本給

（基本給）
第11条　基本給は、職務の責任度、遂行の困難性および遂行能力を評価して定めるものとし、別表のとおりとする。
（採用時の基本給）
第12条　新卒者の採用時の基本給は、担当する職務の1号俸とする。
　2　中途採用者については、本人の能力に応じた号俸に格付けし、その号俸に対応する職務給を支給する。

第3章　諸手当

（家族手当）
第13条　扶養家族を有する者に、次の区分により家族手当を支給する。

(1)　配偶者　　　　　　　　　　15,000円
　　　(2)　第１子　　　　　　　　　　 5,000円
　　　(3)　第２子　　　　　　　　　　 4,000円
　　　(4)　第３子以下（１人につき）　 3,500円
　　　(5)　父母（１人につき）　　　　 5,000円
　２　子は18歳未満の者とする。
　３　親は、65歳以上で、かつ、主として本人の収入により生計を維持している者に限る。

（住宅手当）
第14条　借家または借間に居住する者に対して、次の区分により住宅手当を支給する。
　　　(1)　扶養家族を有する者　　　　25,000円
　　　(2)　単身者　　　　　　　　　　10,000円

（通勤手当）
第15条　公共交通機関を利用して通勤する者に対して、定期券代の実費を支給する。ただし、非課税限度額をもって支給限度とする。
　２　マイカーで通勤する者に対しては、定期券代相当額を支給する。

（時間外勤務手当）
第16条　所定時間外に勤務を命令したときは、勤務した時間数に応じて、時間外勤務手当を支給する。時間外勤務手当の算式は、次による。
　　　時間外勤務手当＝（基本給＋住宅手当）／１ヵ月平均所定勤務時間数×1.25×時間外勤務時間数
　２　１ヵ月60時間を超える時間外勤務については、割増率は50％とする。

（休日勤務手当）
第17条　所定休日に勤務を命令したときは、勤務した時間数に応じて、

休日勤務手当を支給する。休日勤務手当の算式は、次による。
　　休日勤務手当＝（基本給＋住宅手当）／１ヵ月平均所定勤
　　　　　務時間数×1.35×休日勤務時間数
（役職者の取り扱い）
第18条　管理監督者に対しては、時間外勤務手当および休日勤務手当は支給しない。

第４章　昇給

（昇給の時期）
第19条　昇給は、毎年４月に行う。
（昇給の基準）
第20条　昇給は、過去１年間の勤務態度、職務遂行能力および勤務成績を評価して行う。
　２　昇給の額は人事考課の結果に応じ、次のとおりとする。
　　　Ｓ評価　　　　５号俸昇給
　　　Ａ評価　　　　３号俸昇給
　　　Ｂ評価　　　　２号俸昇給
　　　Ｃ評価　　　　１号俸昇給
　　　Ｄ評価　　　　昇給なし
（職務変更に伴う取り扱い）
第21条　担当する職務が変更になったときは、変更になった事情を考慮して個別に決定する。

第５章　賞与

（支給時期）
第22条　毎年６月および12月の２回、賞与を支給する。ただし、会社の業績が良好でないときは、支給しないことがある。
（計算期間）
第23条　賞与の計算期間は、次のとおりとする。

⑴　夏季賞与　　　前年10月1日〜当年3月31日
　　　⑵　年末賞与　　　4月1日〜9月30日
（支給対象者）
第24条　賞与の支給対象者は、次の2つの条件を満たす者とする。
　　　⑴　支給日当日在籍していること
　　　⑵　計算期間中の出勤日数が60日以上であること
　　2　定年退職者については、支給日当日在籍していなくても支給する。
（支給基準）
第25条　賞与の支給額は、計算期間における各人の勤務成績および勤務態度を評価して決定する。
（付則）この規程は、　　年　月　日から施行する。

第1章　給与規程

（別表）　職務給表

	技能職	事務職	営業職	企画職	研究職	監督職	係長職	課長職	部長職	専門職
号差	800	800	1000	1000	1000	1000	1200	1500	2000	1500
1号	155,000	155,000	190,000	190,000	200,000	190,000	250,000	350,000	450,000	350,000
2号	155,800	155,800	191,000	191,000	201,000	191,000	251,200	351,500	452,000	351,500
3号	156,600	156,600	192,000	192,000	202,000	192,000	252,400	353,000	454,000	353,000
4号	157,400	157,400	193,000	193,000	203,000	193,000	253,600	354,500	456,000	354,500
5号	158,200	158,200	194,000	194,000	204,000	194,000	254,800	356,000	458,000	356,000
6号	159,000	159,000	195,000	195,000	205,000	195,000	256,000	357,500	460,000	357,500
7号	159,800	159,800	196,000	196,000	206,000	196,000	257,200	359,000	462,000	359,000
8号	160,600	160,600	197,000	197,000	207,000	197,000	258,400	360,500	464,000	360,500
9号	161,400	161,400	198,000	198,000	208,000	198,000	259,600	362,000	466,000	362,000
10号	162,200	162,200	199,000	199,000	209,000	199,000	260,800	363,500	468,000	363,500
11号	163,000	163,000	200,000	200,000	210,000	200,000	262,000	365,000	470,000	365,000
12号	163,800	163,800	201,000	201,000	211,000	201,000	263,200	366,500	472,000	366,500
13号	164,600	164,600	202,000	202,000	212,000	202,000	264,400	368,000	474,000	368,000
14号	165,400	165,400	203,000	203,000	213,000	203,000	265,600	369,500	476,000	369,500
15号	166,200	166,200	204,000	204,000	214,000	204,000	266,800	371,000	478,000	371,000
16号	167,000	167,000	205,000	205,000	215,000	205,000	268,000	372,500	480,000	372,500
17号	167,800	167,800	206,000	206,000	216,000	206,000	269,200	374,000	482,000	374,000
18号	168,600	168,600	207,000	207,000	217,000	207,000	270,400	375,500	484,000	375,500
19号	169,400	169,400	208,000	208,000	218,000	208,000	271,600	377,000	486,000	377,000
20号	170,200	170,200	209,000	209,000	219,000	209,000	272,800	378,500	488,000	378,500
21号	171,000	171,000	210,000	210,000	220,000	210,000	274,000	380,000	490,000	380,000
22号	171,800	171,800	211,000	211,000	221,000	211,000	275,200	381,500	492,000	381,500
23号	172,600	172,600	212,000	212,000	222,000	212,000	276,400	383,000	494,000	383,000
24号	173,400	173,400	213,000	213,000	223,000	213,000	277,600	384,500	496,000	384,500
25号	174,200	174,200	214,000	214,000	224,000	214,000	278,800	386,000	498,000	386,000
26号	175,000	175,000	215,000	215,000	225,000	215,000	280,000	387,500	500,000	387,500
27号	175,800	175,800	216,000	216,000	226,000	216,000	281,200	389,000	502,000	389,000
28号	176,600	176,600	217,000	217,000	227,000	217,000	282,400	390,500	504,000	390,500
29号	177,400	177,400	218,000	218,000	228,000	218,000	283,600	392,000	506,000	392,000
30号	178,200	178,200	219,000	219,000	229,000	219,000	284,800	393,500	508,000	393,500
31号	179,000	179,000	220,000	220,000	230,000	220,000	286,000	395,000	510,000	395,000
32号	179,800	179,800	221,000	221,000	231,000	221,000	287,200	396,500	512,000	396,500
33号	180,600	180,600	222,000	222,000	232,000	222,000	288,400	398,000	514,000	398,000
34号	181,400	181,400	223,000	223,000	233,000	223,000	289,600	399,500	516,000	399,500

第1章　給与規程

35号	182,200	182,200	224,000	224,000	234,000	224,000	290,800	401,000	518,000	401,000
36号	183,000	183,000	225,000	225,000	235,000	225,000	292,000	402,500	520,000	402,500
37号	183,800	183,800	226,000	226,000	236,000	226,000	293,200	404,000	522,000	404,000
38号	184,600	184,600	227,000	227,000	237,000	227,000	294,400	405,500	524,000	405,500
39号	185,400	185,400	228,000	228,000	238,000	228,000	295,600	407,000	526,000	407,000
40号	186,200	186,200	229,000	229,000	239,000	229,000	296,800	408,500	528,000	408,500
41号	187,000	187,000	230,000	230,000	240,000	230,000	298,000	410,000	530,000	410,000

第7節　年齢給・職務給方式の給与規程

1　年齢給・職務給方式とは
　毎月定期的に支払われる給与は、「生計費の保障」と「労働の対価」という2つの性格をあわせ持っている。「生計費の保障」という性格だけでもなければ、「労働の対価」という性格だけでもない。
　年齢給・職務給方式とは、
　・生計費の保障としての「年齢給」（年齢別に決める給与項目）
　・労働の対価としての「職務給」
とから基本給を構成するというものである。

2　規程に盛り込む内容
① 　基本給の構成
　基本給は、
　・年齢によって決める「年齢給」
　・職務の内容、種類によって決める「職務給」
とから構成する。
② 　年齢給
　年齢給の金額を具体的に明示する。
③ 　職務給
　職務ごとに、その責任度、遂行の困難さをもとに給与の金額を定める。
④ 　年齢給の昇給
　年齢給については、4月1日現在の金額に引き上げる。
⑤ 　職務給の昇給
　社員一人ひとりについて、勤務態度、職務遂行能力および勤務成績を評価して昇給の額を決定することを定める。
⑥ 　賞与

賞与について、支給時期、計算期間、支給対象者、支給基準を定める。

3　年齢給・職務給方式の給与規程モデル

給与規程
第1章　総則

（総則）
第1条　この規程は、社員の給与について定める。
　　2　嘱託社員およびパートタイマーの給与については、別に定める。

（給与の構成・形態）
第2条　給与は、基本給と諸手当をもって構成し、月額をもって定める。

（計算期間・支払日）
第3条　給与の計算期間は、次のとおりとし、毎月25日に支払う。当日が休日のときは、その前日に支払う。
　　　　（計算期間）　　　前月21日～当月20日
　　2　計算期間の途中で入社する社員に対しては、入社日から締切日までの給与を日割計算し、25日に支払う。
　　3　計算期間の途中で退職する社員については、計算期間の初日から退職日までの日数に相応する分を日割計算し、退職日から7日以内に支払う。

（支払方法）
第4条　給与は、本人が届け出た預貯金口座に振り込むことによって支払う。

（控除）
第5条　給与から次に掲げるものを控除する。
　　　(1)　社会保険料
　　　(2)　所得税、住民税
　　　(3)　社員代表と協定したもの

第1章　給与規程

（遅刻・欠勤等の控除）
第6条　遅刻、早退、私用外出および欠勤等、社員の責任によって就業しない時間または日があるときは、次の算式によって得られる金額を控除する。
　　　　控除額＝基本給の1時間当たり金額×就業しなかった時間数
　2　役職者については、遅刻、欠勤等の控除は行わない。

第2章　基本給

（基本給の構成）
第7条　基本給は、年齢給と職務給とから構成する。
（年齢給）
第8条　年齢給は、4月1日現在の年齢に応じて決めるものとし、別表1のとおりとする。
（職務給）
第9条　職務給は、職務の責任の重さ、遂行の困難さおよび遂行能力を勘案して決定するものとし、別表2のとおりとする。
（採用時の職務給）
第10条　採用時の職務給は、各職務とも1号俸とする。
　2　中途採用者については、その経験年数、職務遂行能力を評価して、格付けする号俸を決定する。

第3章　諸手当

（家族手当）
第11条　扶養家族を有する者に、次の区分により家族手当を支給する。
　　　⑴　配偶者　　　　　　　　15,000円
　　　⑵　第1子　　　　　　　　 5,000円
　　　⑶　第2子　　　　　　　　 4,000円
　　　⑷　第3子以下（1人につき）3,500円

(5)　父母（1人につき）　　　　5,000円
　2　子は18歳未満の者とする。
　3　親は、65歳以上で、かつ、主として本人の収入により生計を維持している者に限る。

（通勤手当）
第12条　公共交通機関を利用して通勤する者に対して、定期券代の実費を支給する。ただし、非課税限度額をもって支給限度とする。

（時間外勤務手当）
第13条　所定時間外に勤務を命令したときは、勤務した時間数に応じて、時間外勤務手当を支給する。ただし、管理監督者に対しては、支給しない。

（休日勤務手当）
第14条　休日に勤務を命令したときは、勤務した時間数に応じて、休日勤務手当を支給する。ただし、管理監督者に対しては、支給しない。

第4章　昇給

（昇給の時期）
第15条　昇給は、毎年4月に行う。
（年齢給の昇給）
第16条　年齢給は、4月1日の年齢に対応した金額に引き上げる。
（職務給の昇給）
第17条　職務給の昇給は、過去1年間の勤務態度、職務遂行能力および勤務成績を評価して決定する。
　2　昇給の額は人事考課の結果に応じ、次のとおりとする。
　　　　S評価　　　　5号俸昇給
　　　　A評価　　　　3号俸昇給
　　　　B評価　　　　2号俸昇給

第1章　給与規程

　　　　　C評価　　　　　　１号俸昇給
　　　　　D評価　　　　　　昇給なし
（職務異動に伴う取り扱い）
第18条　担当する職務が変更になったときは、変更になった事情を考慮して個別に決定する。

第５章　賞与

（支給時期）
第19条　毎年６月および12月の２回、賞与を支給する。ただし、会社の業績が良好でないときは、支給しないことがある。
（支給対象者）
第20条　賞与の支給対象者は、次の２つの条件を満たす者とする。
　　　⑴　支給日当日在籍していること
　　　⑵　計算期間中の出勤日数が60日以上であること
　　２　定年退職者については、支給日当日在籍していなくても支給する。
（支給基準）
第21条　賞与の支給額は、計算期間における各人の勤務成績および勤務態度を評価して決定する。
（付則）　この規程は、　　年　月　日から施行する。

(別表1) 年齢給表

年齢	年齢給	昇給幅	年齢	年齢給	昇給幅
18	100,000	—	40	155,000	2,000
19	102,000	2,000	41	157,000	〃
20	104,000	〃	42	159,000	〃
21	106,000	〃	43	161,000	〃
22	108,000	〃	44	163,000	〃
23	110,000	〃	45	165,000	〃
24	112,000	〃	46	166,000	1,000
25	115,000	3,000	47	167,000	〃
26	118,000	〃	48	168,000	〃
27	121,000	〃	49	169,000	〃
28	124,000	〃	50	170,000	〃
29	127,000	〃	51	170,000	0
30	130,000	〃	52	170,000	〃
31	133,000	〃	53	170,000	〃
32	136,000	〃	54	170,000	〃
33	139,000	〃	55	170,000	〃
34	142,000	〃	56	170,000	〃
35	145,000	〃	57	170,000	〃
36	147,000	2,000	58	170,000	〃
37	149,000	〃	59	170,000	〃
38	151,000	〃	60	170,000	〃
39	153,000	〃			

第1章　給与規程

(別表２)　職務給表

	技能職	事務職	営業職	企画職	研究職	監督職	係長職	課長職	部長職	専門職
号差	800	800	1000	1000	1000	1000	1200	1500	2000	1500
1号	55,000	55,000	80,000	80,000	90,000	70,000	110,000	200,000	250,000	200,000
2号	55,800	55,800	81,000	81,000	91,000	71,000	111,200	201,500	252,000	201,500
3号	56,600	56,600	82,000	82,000	92,000	72,000	112,400	203,000	254,000	203,000
4号	57,400	57,400	83,000	83,000	93,000	73,000	113,600	204,500	256,000	204,500
5号	58,200	58,200	84,000	84,000	94,000	74,000	114,800	206,000	258,000	206,000
6号	59,000	59,000	85,000	85,000	95,000	75,000	116,000	207,500	260,000	207,500
7号	59,800	59,800	86,000	86,000	96,000	76,000	117,200	209,000	262,000	209,000
8号	60,600	60,600	87,000	87,000	97,000	77,000	118,400	210,500	264,000	210,500
9号	61,400	61,400	88,000	88,000	98,000	78,000	119,600	212,000	266,000	212,000
10号	62,200	62,200	89,000	89,000	99,000	79,000	120,800	213,500	268,000	213,500
11号	63,000	63,000	90,000	90,000	100,000	80,000	122,000	215,000	270,000	215,000
12号	63,800	63,800	91,000	91,000	101,000	81,000	123,200	216,500	272,000	216,500
13号	64,600	64,600	92,000	92,000	102,000	82,000	124,400	218,000	274,000	218,000
14号	65,400	65,400	93,000	93,000	103,000	83,000	125,600	219,500	276,000	219,500
15号	66,200	66,200	94,000	94,000	104,000	84,000	126,800	221,000	278,000	221,000
16号	67,000	67,000	95,000	95,000	105,000	85,000	128,000	222,500	280,000	222,500
17号	67,800	67,800	96,000	96,000	106,000	86,000	129,200	224,000	282,000	224,000
18号	68,600	68,600	97,000	97,000	107,000	87,000	130,400	225,500	284,000	225,500
19号	69,400	69,400	98,000	98,000	108,000	88,000	131,600	227,000	286,000	227,000
20号	70,200	70,200	99,000	99,000	109,000	89,000	132,800	228,500	288,000	228,500
21号	71,000	71,000	100,000	100,000	110,000	90,000	134,000	230,000	290,000	230,000
22号	71,800	71,800	101,000	101,000	111,000	91,000	135,200	231,500	292,000	231,500
23号	72,600	72,600	102,000	102,000	112,000	92,000	136,400	233,000	294,000	233,000
24号	73,400	73,400	103,000	103,000	113,000	93,000	137,600	234,500	296,000	234,500
25号	74,200	74,200	104,000	104,000	114,000	94,000	138,800	236,000	298,000	236,000
26号	75,000	75,000	105,000	105,000	115,000	95,000	140,000	237,500	300,000	237,500
27号	75,800	75,800	106,000	106,000	116,000	96,000	141,200	239,000	302,000	239,000
28号	76,600	76,600	107,000	107,000	117,000	97,000	142,400	240,500	304,000	240,500
29号	77,400	77,400	108,000	108,000	118,000	98,000	143,600	242,000	306,000	242,000
30号	78,200	78,200	109,000	109,000	119,000	99,000	144,800	243,500	308,000	243,500
31号	79,000	79,000	110,000	110,000	120,000	100,000	146,000	245,000	310,000	245,000
32号	79,800	79,800	111,000	111,000	121,000	101,000	147,200	246,500	312,000	246,500
33号	80,600	80,600	112,000	112,000	122,000	102,000	148,400	248,000	314,000	248,000
34号	81,400	81,400	113,000	113,000	123,000	103,000	149,600	249,500	316,000	249,500
35号	82,200	82,200	114,000	114,000	124,000	104,000	150,800	251,000	318,000	251,000

36号	83,000	83,000	115,000	115,000	125,000	105,000	152,000	252,500	320,000	252,500
37号	83,800	83,800	116,000	116,000	126,000	106,000	153,200	254,000	322,000	254,000
38号	84,600	84,600	117,000	117,000	127,000	107,000	154,400	255,500	324,000	255,500
39号	85,400	85,400	118,000	118,000	128,000	108,000	155,600	257,000	326,000	257,000
40号	86,200	86,200	119,000	119,000	129,000	109,000	156,800	258,500	328,000	258,500
41号	87,000	87,000	120,000	120,000	130,000	110,000	158,000	260,000	330,000	260,000

第8節　資格給方式の給与規程

1　資格給方式とは
　資格等級は、職務遂行能力のレベルを示すものである。したがって、格付けされている資格等級によって、担当する仕事の内容が異なる。上位の資格等級になればなるほど、責任の重い仕事、重要性の高い仕事、遂行が困難な仕事を担当する。このため、資格等級に応じて給与を決めるのが合理的である。
　資格等級ごとに定額で給与を決める制度を「資格給」という。例えば、社員7級25万円、社員8級30万円、社員9級35万円というように、定額で決める。したがって、定期昇給はない。上位の資格等級に昇格しない限り、資格給が高くなることはない。

2　規程に盛り込む内容
① 　対象者の範囲
　資格給については、
　・すべての社員に適用する
　・上位の資格等級に限って適用する
という2つの取り扱いある。
② 　計算期間
　給与の計算期間を定める。
③ 　支払日
　支払日を定める。
④ 　支払方法
　支払いについては、社員の同意を得て、口座振込みとするのが便利である。
⑤ 　控除
　給与から社会保険料と税金を控除することを定める。

⑥ 給与の構成
　給与は、基本給と諸手当とから構成することを明確にしておく。
⑦ 基本給の決め方
　基本給は、資格等級ごとに決定することを明記する。
⑧ 諸手当
　支給する手当について、その支給基準と支給額を定める。
⑨ 賞与
　賞与について、支給時期、計算期間、支給対象者、支給基準を定める。これにあわせ、「会社の業績が良好でないときは、賞与を支給しないことがある」と定めておくとよい。

3　資格給方式の給与規程モデル

給与規程
第1章　総則

（総則）

第1条　この規程は、社員の給与について定める。

　　2　嘱託社員およびパートタイマーの給与については、別に定める。

（給与の構成・形態）

第2条　給与は、基本給と諸手当をもって構成し、月額をもって定める。

（計算期間）

第3条　給与の計算期間は、次のとおりとする。

　　　　　（計算期間）　　　前月21日〜当月20日

（支払日）

第4条　給与は、毎月25日に支払う。当日が休日のときは、その前日に支払う。

　　2　計算期間の途中で退職する社員に対しては、退職日までの給与を日割計算し、退職日以降7日以内に支払う。

（支払方法）

第5条　給与は、本人が指定した預貯金口座に振り込むことによって支払う。

（控除）

第6条　給与から次に掲げるものを控除する。

　　　　(1)　社会保険料
　　　　(2)　所得税、住民税
　　　　(3)　社員代表と協定したもの

（遅刻・欠勤等の控除）

第7条　遅刻、早退、私用外出および欠勤等、社員の責任によって就

業しない時間または日があるときは、次の算式によって得られる金額を控除する。

　　控除額＝基本給の１時間当たり金額×就業しなかった時間数
2　役職者については、遅刻、欠勤等の控除は行わない。

第２章　基本給

（基本給）
第８条　基本給は、資格等級ごとに定額で定めるものとし、別表のとおりとする。

第３章　諸手当

（家族手当）
第９条　扶養家族を有する者に、次の区分により家族手当を支給する。
　　　⑴　配偶者　　　　　　　　　15,000円
　　　⑵　第１子　　　　　　　　　 5,000円
　　　⑶　第２子　　　　　　　　　 4,000円
　　　⑷　第３子以下（１人につき） 3,500円
　　　⑸　父母（１人につき）　　　 5,000円
2　子は18歳未満の者とする。
3　親は、65歳以上で、かつ、主として本人の収入により生計を維持している者に限る。

（通勤手当）
第10条　公共交通機関を利用して通勤する者に対して、定期券代の実費を支給する。ただし、非課税限度額をもって支給限度とする。

（役付手当）
第11条　役職者に対し、次の区分により役付手当を支給する。
　　　⑴　部長　　　　　　　　　　70,000円

(2)　課長　　　　　　　　　40,000円
　　　(3)　係長　　　　　　　　　20,000円
（時間外・休日勤務手当）
第12条　所定時間外または休日に勤務を命令したときは、勤務した時間数に応じて、時間外勤務手当または休日勤務手当を支給する。
　　2　管理監督者に対しては、時間外勤務手当および休日勤務手当は支給しない。

第4章　賞与

（支給時期）
第13条　毎年6月および12月の2回、賞与を支給する。ただし、会社の業績が良好でないときは、支給しないことがある。
（支給対象者）
第14条　賞与の支給対象者は、次の2つの条件を満たす者とする。
　　　(1)　支給日当日在籍していること
　　　(2)　計算期間中の出勤日数が60日以上であること
　　2　定年退職者については、支給日当日在籍していなくても支給する。
（支給基準）
第15条　賞与の支給額は、計算期間における各人の勤務成績および勤務態度を評価して決定する。
（付則）　この規程は、　　年　月　日から施行する。

（別表）　資格給表

社員1級	155,000	社員6級	300,000
社員2級	170,000	社員7級	385,000
社員3級	190,000	社員8級	470,000
社員4級	210,000	社員9級	580,000
社員5級	250,000		

第9節　役割給方式の給与規程

1　役割給方式とは

　会社は、仕事を組織的、効率的に進めて業績を挙げるために、社員一人ひとりについて、その能力や経験などに応じて一定の役割を与えている。例えば、
- 仕事を正確、かつ、迅速に遂行する方法を習得する役割（新入社員）
- 独力で仕事を正確、かつ、迅速に遂行する役割（中堅社員）
- 係長として部下を指揮命令し、係の業務目標を達成する役割（係長）
- 課長として部下を指揮命令し、課の業務目標を達成する役割（課長）
- 部長として部下を指揮命令し、部の業務目標を達成する役割（部長）

などである。

　役割によって、難しさや責任の度合いが異なる。その役割を遂行するのに必要な能力や知識も異なる。働く意欲さえあれば、どの役割でも務まるというものではない。

　「役割によって、難易度、求められる能力、責任の程度が異なる」という事実を踏まえ、役割ごとに給与を決定する仕組みを「役割給」という。

　給与は「労働の対価」という性格を持っている。「役割」は、労働の重要な内容である。このため、役割給制度は、給与制度としてきわめて合理的、説得的である。

　社員は、「自分が会社で果たしている役割にふさわしい給与を支払ってもらいたい」という気持ちを持っている。課長、部長という要職にある者、将来的に課長、部長という幹部を目指す者ほど、そういう気

持ちが強い。

役割給は、役割の重要度に応じて給与を決定するものであるから、社員の勤労意欲の向上、会社に対する忠誠心の高揚につながる。

2　規程に盛り込む内容

① 対象者の範囲

役割給の適用については、
・すべての社員に適用する
・役職者に限って適用する

などがある。

② 計算期間

給与の計算期間を定める。

③ 支払日

支払日を定める。

④ 支払方法

支払いについては、社員の同意を得て、口座振込みとするのが便利である。

⑤ 控除

給与から社会保険料と税金を控除することを定める。

⑥ 給与の構成

給与は、基本給と諸手当とから構成することを明確にしておく。

⑦ 基本給の決め方

基本給は、役割ごとに決定することを明確にしておく。

⑧ 諸手当

支給する手当について、その支給基準と支給額を定める。

⑨ 時間外勤務手当等の取り扱い

労働基準法で支払いが義務づけられている時間外勤務手当および休日勤務手当について、その算出方法を明記しておく。あわせて、管理監督者については、これらの手当を支給しないことを明確にし

ておく。
⑩　昇給

　昇給について、実施時期、対象者、昇給基準などを定める。これにあわせ、「会社の業績が良好でないときは、昇給を行わないことがある」と定めておくとよい。

⑪　賞与

　賞与について、支給時期、計算期間、支給対象者、支給基準を定める。これにあわせ、「会社の業績が良好でないときは、賞与を支給しないことがある」と定めておくとよい。

3　役割給方式の給与規程モデル

給与規程
第1章　総則

（総則）
第1条　この規程は、社員の給与について定める。
　　2　嘱託社員およびパートタイマーの給与については、別に定める。
（給与の構成）
第2条　給与は、基本給と諸手当をもって構成する。
（給与の形態）
第3条　給与は、月額をもって定める。
（計算期間）
第4条　給与の計算期間は、次のとおりとする。
　　　　　（計算期間）　　　前月21日～当月20日
（支払日）
第5条　給与は、毎月25日に支払う。当日が休日のときは、その前日に支払う。
　　2　計算期間の途中で退職する社員に対しては、退職日までの給与を日割計算し、退職日以降7日以内に支払う。
　　3　計算期間の途中で入社した社員に対しては、入社日から締切日までの給与を日割計算し、25日に支払う。
（非常時払い）
第6条　社員が出産、疾病、災害その他非常の場合の費用に充てるために請求したときは、支払日前であっても、既往の勤務に対する給与を支払う。
（支払方法）
第7条　給与は、本人が指定した預貯金口座に振り込むことによって支払う。

第1章　給与規程

（控除）
第8条　給与から次に掲げるものを控除する。
　　　⑴　社会保険料
　　　⑵　所得税、住民税
　　　⑶　社員代表と協定したもの
（遅刻・欠勤等の控除）
第9条　遅刻、早退、私用外出および欠勤等、社員の責任によって就業しない時間または日があるときは、次の算式によって得られる金額を控除する。
　　　　控除額＝基本給の1時間当たり金額×就業しなかった時間数
　2　役職者については、遅刻、欠勤等の控除は行わない。
（業績不振のとき）
第10条　会社の業績が著しく不振であるときは、一時的、臨時的に次に掲げる措置を講じることがある。
　　　⑴　基本給の引き下げ
　　　⑵　諸手当（時間外勤務手当および休日勤務手当は除く）の減額または不支給

第2章　基本給

（基本給）
第11条　基本給は、役割の区分に応じて定める役割給とする。
　2　役割の区分は、別表1のとおりとする。
　3　役割給は、別表2のとおりとする。

第3章　諸手当

（家族手当）
第12条　扶養家族を有する者に、次の区分により家族手当を支給する。
　　　⑴　配偶者　　　　　　　　　　　15,000円

(2)	第1子	5,000円
(3)	第2子	4,000円
(4)	第3子以下（1人につき）	3,500円
(5)	父母（1人につき）	5,000円

2　子は18歳未満の者とする。

3　親は、65歳以上で、かつ、主として本人の収入により生計を維持している者に限る。

（通勤手当）

第13条　公共交通機関を利用して通勤する者に対して、定期券代の実費を支給する。ただし、非課税限度額をもって支給限度とする。

2　マイカーで通勤する者に対しては、定期券代相当額を支給する。

（時間外勤務手当）

第14条　所定時間外に勤務を命令したときは、勤務した時間数に応じて、時間外勤務手当を支給する。時間外勤務手当の算式は、次による。

$$時間外勤務手当 = 基本給 / 1ヵ月平均所定勤務時間数 \times 1.25 \times 時間外勤務時間数$$

2　1ヵ月60時間を超える時間外勤務については、割増率は50％とする。

3　管理監督者に対しては、時間外勤務手当は支給しない。

（休日勤務手当）

第15条　所定休日に勤務を命令したときは、勤務した時間数に応じて、休日勤務手当を支給する。休日勤務手当の算式は、次による。

$$休日勤務手当 = 基本給 / 1ヵ月平均所定勤務時間数 \times 1.35 \times 休日勤務時間数$$

2　管理監督者に対しては、休日勤務手当は支給しない。

第1章　給与規程

第4章　昇給（基本給の改訂）

（昇給の時期）
第16条　毎年4月に基本給の昇給を行う。ただし、会社の業績が良好でないときは、昇給を行わないことがある。

（昇給の基準）
第17条　昇給は、前年の勤務成績、勤務態度および職務遂行能力を評価して行う。
　　2　昇給の額は、人事考課の結果に応じ、次のとおりとする。
　　　　S評価　　　　5号俸昇給
　　　　A評価　　　　3号俸昇給
　　　　B評価　　　　2号俸昇給
　　　　C評価　　　　1号俸昇給
　　　　D評価　　　　昇給なし

（昇格昇給）
第18条　上位の役割区分に昇格したときは、昇格後の役割の役割給における初号値を適用するか、または、昇格前の役割給を下回らない額の役割給を支給する。

（降格のときの取り扱い）
第19条　下位の役割区分に降格したときは、降格前の役割給と同額または直近の役割給を支給する。

第5章　賞与

（支給時期）
第20条　毎年6月および12月の2回、賞与を支給する。ただし、会社の業績が良好でないときは、支給しないことがある。

（計算期間）
第21条　賞与の計算期間は、次のとおりとする。
　　　　⑴　夏季賞与　　　前年10月1日～当年3月31日

　　　　(2) 年末賞与　　　4月1日～9月30日
(支給対象者)
第22条　賞与の支給対象者は、次の2つの条件を満たす者とする。
　　　　(1) 支給日当日在籍していること
　　　　(2) 計算期間中の出勤日数が60日以上であること
　　2　定年退職者については、支給日当日在籍していなくても支給する。
(支給基準)
第23条　賞与の支給額は、計算期間における各人の勤務成績および勤務態度を評価して決定する。
(付則)　この規程は、　　年　月　日から施行する。

第1章　給与規程

（別表１）　役割区分表

役割区分	役割基準	備考
エントリー	上司、先輩社員の指導監督を受けて、仕事の正しい進め方と職場のルールを習得すること	採用後１、２年程度の期間
サポート	特定の定型的、補助的な仕事（事務、販売、生産、検査など）を、上司の包括的な指示を受け、創意工夫を働かせながら、単独で、あるいは他の社員と共同で効率的に遂行すること	
コアスタッフ	判断力、分析力、企画力、専門知識を必要とする特定の非定型的な仕事（企画、調査、研究、開発、システム設計など）を、上司の包括的な指示を受け、単独で、あるいは、他の社員と共同で、責任を持って効率的に遂行すること	
リーダー	係長またはグループリーダーとして、部下に適切に指示命令し、かつ、関連部門とよく協力協調して、部門の業務目標を責任を持って達成すること	係長、リーダー
マネジャー	課長または室長として、経営を取り巻く状況を的確に把握したうえで、部下に適切に指示命令し、かつ、関連部門とよく協力協調して、部門の業務目標を責任を持って達成すること	課長
ゼネラルマネジャー	部長として、経営方針を踏まえ、かつ、経営を取り巻く状況を的確に把握したうえで、部下の係長、リーダーおよび課長に対して適切に指示命令し、かつ、関連部門とよく協力協調して、部門の業務目標を責任を持って達成すること	部長
スペシャリスト	高度の専門知識と豊かな経験を活用し、会社から指示された特定分野の重要な仕事を、単独で、あるいは他の社員と共同で、効率的に遂行すること	

(別表2) 役割給表

	エントリー	サポート	コアスタッフ	リーダー	マネジャー	ゼネラルマネジャー	スペシャリスト
号差	800	1000	1500	2000	2000	2000	2000
1号	155,000	185,000	220,000	270,000	380,000	500,000	380,000
2号	155,800	186,000	221,500	272,000	382,000	502,000	382,000
3号	156,600	187,000	223,000	274,000	384,000	504,000	384,000
4号	157,400	188,000	224,500	276,000	386,000	506,000	386,000
5号	158,200	189,000	226,000	278,000	388,000	508,000	388,000
6号	159,000	190,000	227,500	280,000	390,000	510,000	390,000
7号	159,800	191,000	229,000	282,000	392,000	512,000	392,000
8号	160,600	192,000	230,500	284,000	394,000	514,000	394,000
9号	161,400	193,000	232,000	286,000	396,000	516,000	396,000
10号	162,200	194,000	233,500	288,000	398,000	518,000	398,000
11号	163,000	195,000	235,000	290,000	400,000	520,000	400,000
12号	163,800	196,000	236,500	292,000	402,000	522,000	402,000
13号	164,600	197,000	238,000	294,000	404,000	524,000	404,000
14号	165,400	198,000	239,500	296,000	406,000	526,000	406,000
15号	166,200	199,000	241,000	298,000	408,000	528,000	408,000
16号	167,000	200,000	242,500	300,000	410,000	530,000	410,000
17号	167,800	201,000	244,000	302,000	412,000	532,000	412,000
18号	168,600	202,000	245,500	304,000	414,000	534,000	414,000
19号	169,400	203,000	247,000	306,000	416,000	536,000	416,000
20号	170,200	204,000	248,500	308,000	418,000	538,000	418,000
21号	171,000	205,000	250,000	310,000	420,000	540,000	420,000
22号	171,800	206,000	251,500	312,000	422,000	542,000	422,000
23号	172,600	207,000	253,000	314,000	424,000	544,000	424,000
24号	173,400	208,000	254,500	316,000	426,000	546,000	426,000
25号	174,200	209,000	256,000	318,000	428,000	548,000	428,000
26号	175,000	210,000	257,500	320,000	430,000	550,000	430,000
27号	175,800	211,000	259,000	322,000	432,000	552,000	432,000
28号	176,600	212,000	260,500	324,000	434,000	554,000	434,000
29号	177,400	213,000	262,000	326,000	436,000	556,000	436,000
30号	178,200	214,000	263,500	328,000	438,000	558,000	438,000
31号	179,000	215,000	265,000	330,000	440,000	560,000	440,000
32号	179,800	216,000	266,500	332,000	442,000	562,000	442,000
33号	180,600	217,000	268,000	334,000	444,000	564,000	444,000
34号	181,400	218,000	269,500	336,000	446,000	566,000	446,000

第1章　給与規程

35号	182,200	219,000	271,000	338,000	448,000	568,000	448,000
36号	183,000	220,000	272,500	340,000	450,000	570,000	450,000
37号	183,800	221,000	274,000	342,000	452,000	572,000	452,000
38号	184,600	222,000	275,500	344,000	454,000	574,000	454,000
39号	185,400	223,000	277,000	346,000	456,000	576,000	456,000
40号	186,200	224,000	278,500	348,000	458,000	578,000	458,000
41号	187,000	225,000	280,000	350,000	460,000	580,000	460,000
42号	187,800						
43号	188,600						
44号	189,400						
45号	190,200						
46号	191,000						
47号	191,800						
48号	192,600						
49号	193,400						
50号	194,200						
51号	195,000						
52号	195,800						
53号	196,600						
54号	197,400						
55号	198,200						
56号	199,000						

第10節　年齢給・役割給方式の給与規程

1　年齢給・役割給方式とは
　給与は、「生計費の保障」と「労働の対価」という2つの性格を有している。
　「年齢給・役割給」方式とは、
　・生計費を保障するための「年齢給」
　・労働の対価としての「役割給」
とから基本給を構成するものである。
　この方式は、
　・ライフステージに応じて必要とされる一定の生計費を保障できる
　・仕事上の役割に応じて給与を決めることができる
という特徴をもっている。

2　規程に盛り込む内容
　①　対象者の範囲
　　年齢給・役割給方式を適用する社員の範囲を明確にする。
　②　基本給の構成と決定基準
　　給与の中心となる基本給は、
　　・年齢を基準として決める「年齢給」
　　・会社において果たすべき役割に応じて決める「役割給」
とから構成することを明確にしたうえで、それぞれの金額を具体的に定める。
　③　諸手当
　　支給する手当について、その支給基準と支給額を定める。
　④　昇給の取り扱い
　　昇給について、実施時期、対象者、昇給基準などを定める。
　⑤　賞与の取り扱い

第1章　給与規程

　　賞与について、支給時期、計算期間、支給対象者、支給基準を定める。

3　年齢給・役割給方式の給与規程モデル

給与規程
第1章　総則

（総則）
第1条　この規程は、社員の給与について定める。
　2　嘱託社員およびパートタイマーの給与については、別に定める。

（給与の構成・形態）
第2条　給与は、基本給と諸手当をもって構成し、月額をもって定める。

（計算期間・支払日）
第3条　給与の計算期間は、次のとおりとし、毎月25日に支払う。当日が休日のときは、その前日に支払う。
　　　　（計算期間）　　前月21日～当月20日
　2　計算期間の途中で退職する社員に対しては、退職日までの給与を日割計算し、退職日以降7日以内に支払う。
　3　計算期間の途中で入社した社員に対しては、入社日から締切日までの給与を日割計算し、25日に支払う。

（支払方法）
第4条　給与は、本人が届け出た預貯金口座に振り込むことによって支払う。

（控除）
第5条　給与から次に掲げるものを控除する。
　　(1)　社会保険料
　　(2)　所得税、住民税
　　(3)　社員代表と協定したもの

（遅刻・欠勤等の控除）
第6条　遅刻、早退、私用外出および欠勤等、社員の責任によって就

業しない時間または日があるときは、次の算式によって得られる金額を控除する。

　　控除額＝基本給の1時間当たり金額×就業しなかった時間数

2　役職者については、遅刻、欠勤等の控除は行わない。

（業績不振のとき）

第7条　会社の業績が著しく不振であるときは、一時的、臨時的に次に掲げる措置を講じることがある。

　(1)　基本給の引き下げ
　(2)　諸手当（時間外勤務手当および休日勤務手当は除く）の減額または不支給

第2章　基本給

（基本給の構成）

第8条　基本給は、年齢給と役割給とから構成する。

（年齢給）

第9条　年齢給は、別表1のとおりとする。

（役割給）

第10条　役割給は、仕事上の役割ごとに決定するものとし、別表2のとおりとする。

第3章　諸手当

（家族手当）

第11条　扶養家族を有する者に、次の区分により家族手当を支給する。

　(1)　配偶者　　　　　　　　　　15,000円
　(2)　第1子　　　　　　　　　　 5,000円
　(3)　第2子　　　　　　　　　　 4,000円
　(4)　第3子以下（1人につき）　　3,500円
　(5)　父母（1人につき）　　　　　5,000円

2 子は18歳未満の者とする。
3 親は、65歳以上で、かつ、主として本人の収入により生計を維持している者に限る。

（通勤手当）
第12条　公共交通機関を利用して通勤する者に対して、定期券代の実費を支給する。ただし、非課税限度額をもって支給限度とする。

（時間外勤務手当）
第13条　所定時間外に勤務を命令したときは、勤務した時間数に応じて、時間外勤務手当を支給する。
2 1ヵ月60時間を超える時間外勤務については、割増率は50％とする。
3 管理監督者に対しては、時間外勤務手当は支給しない。

（休日勤務手当）
第14条　所定休日に勤務を命令したときは、勤務した時間数に応じて、休日勤務手当を支給する。
2 管理監督者に対しては、休日勤務手当は支給しない。

第4章　昇給（基本給の改訂）

（昇給の時期）
第15条　毎年4月に基本給の昇給を行う。ただし、会社の業績が良好でないときは、昇給を行わないことがある。

（年齢給の昇給）
第16条　年齢給は、4月1日現在の年齢に相当する金額に引き上げる。

（役割給の昇給）
第17条　役割給の昇給は、前年の勤務成績および勤務態度等を評価して行う。昇給の額は、人事考課の結果に応じ、次のとおりとする。

　　　　S評価　　　　　　5号俸

第1章　給与規程

A評価	3号俸
B評価	2号俸
C評価	1号俸
D評価	昇給なし

（昇格昇給）
第18条　上位の役割区分に昇格したときは、昇格後の役割の役割給における初号値を適用するか、または、昇格前の役割給を下回らない額の役割給を支給する。

（降格のときの取り扱い）
第19条　下位の役割区分に降格したときは、降格前の役割給と同額または直近の役割給を支給する。

第5章　賞与

（支給時期）
第20条　毎年6月および12月の2回、賞与を支給する。ただし、会社の業績が良好でないときは、支給しないことがある。

（支給対象者）
第21条　賞与の支給対象者は、次の2つの条件を満たす者とする。
　⑴　支給日当日在籍していること
　⑵　計算期間中の出勤日数が60日以上であること
　2　定年退職者については、支給日当日在籍していなくても支給する。

（支給基準）
第22条　賞与の支給額は、計算期間における各人の勤務成績および勤務態度を評価して決定する。

（付則）　この規程は、　　年　月　日から施行する。

（別表１）　年齢給表

年齢	年齢給	昇給幅	年齢	年齢給	昇給幅
18	100,000	—	40	155,000	2,000
19	102,000	2,000	41	157,000	〃
20	104,000	〃	42	159,000	〃
21	106,000	〃	43	161,000	〃
22	108,000	〃	44	163,000	〃
23	110,000	〃	45	165,000	〃
24	112,000	〃	46	166,000	1,000
25	115,000	3,000	47	167,000	〃
26	118,000	〃	48	168,000	〃
27	121,000	〃	49	169,000	〃
28	124,000	〃	50	170,000	〃
29	127,000	〃	51	170,000	0
30	130,000	〃	52	170,000	〃
31	133,000	〃	53	170,000	〃
32	136,000	〃	54	170,000	〃
33	139,000	〃	55	170,000	〃
34	142,000	〃	56	170,000	〃
35	145,000	〃	57	170,000	〃
36	147,000	2,000	58	170,000	〃
37	149,000	〃	59	170,000	〃
38	151,000	〃	60	170,000	〃
39	153,000	〃			

第1章　給与規程

（別表２）　役割給表

	エントリー	サポート	コア スタッフ	リーダー	マネジャー	ゼネラル マネジャー	スペシャ リスト
号差	800	1000	1500	2000	2000	2000	2000
1号	55,000	75,000	100,000	140,000	200,000	300,000	200,000
2号	55,800	76,000	101,500	142,000	202,000	302,000	202,000
3号	56,600	77,000	103,000	144,000	204,000	304,000	204,000
4号	57,400	78,000	104,500	146,000	206,000	306,000	206,000
5号	58,200	79,000	106,000	148,000	208,000	308,000	208,000
6号	59,000	80,000	107,500	150,000	210,000	310,000	210,000
7号	59,800	81,000	109,000	152,000	212,000	312,000	212,000
8号	60,600	82,000	110,500	154,000	214,000	314,000	214,000
9号	61,400	83,000	112,000	156,000	216,000	316,000	216,000
10号	62,200	84,000	113,500	158,000	218,000	318,000	218,000
11号	63,000	85,000	115,000	160,000	220,000	320,000	220,000
12号	63,800	86,000	116,500	162,000	222,000	322,000	222,000
13号	64,600	87,000	118,000	164,000	224,000	324,000	224,000
14号	65,400	88,000	119,500	166,000	226,000	326,000	226,000
15号	66,200	89,000	121,000	168,000	228,000	328,000	228,000
16号	67,000	90,000	122,500	170,000	230,000	330,000	230,000
17号	67,800	91,000	124,000	172,000	232,000	332,000	232,000
18号	68,600	92,000	125,500	174,000	234,000	334,000	234,000
19号	69,400	93,000	127,000	176,000	236,000	336,000	236,000
20号	70,200	94,000	128,500	178,000	238,000	338,000	238,000
21号	71,000	95,000	130,000	180,000	240,000	340,000	240,000
22号	71,800	96,000	131,500	182,000	242,000	342,000	242,000
23号	72,600	97,000	133,000	184,000	244,000	344,000	244,000
24号	73,400	98,000	134,500	186,000	246,000	346,000	246,000
25号	74,200	99,000	136,000	188,000	248,000	348,000	248,000

第1章　給与規程

26号	75,000	100,000	137,500	190,000	250,000	350,000	250,000
27号	75,800	101,000	139,000	192,000	252,000	352,000	252,000
28号	76,600	102,000	140,500	194,000	254,000	354,000	254,000
29号	77,400	103,000	142,000	196,000	256,000	356,000	256,000
30号	78,200	104,000	143,500	198,000	258,000	358,000	258,000
31号	79,000	105,000	145,000	200,000	260,000	360,000	260,000
32号	79,800	106,000	146,500	202,000	262,000	362,000	262,000
33号	80,600	107,000	148,000	204,000	264,000	364,000	264,000
34号	81,400	108,000	149,500	206,000	266,000	366,000	266,000
35号	82,200	109,000	151,000	208,000	268,000	368,000	268,000
36号	83,000	110,000	152,500	210,000	270,000	370,000	270,000
37号	83,800	111,000	154,000	212,000	272,000	372,000	272,000
38号	84,600	112,000	155,500	214,000	274,000	374,000	274,000
39号	85,400	113,000	157,000	216,000	276,000	376,000	276,000
40号	86,200	114,000	158,500	218,000	278,000	378,000	278,000
41号	87,000	115,000	160,000	220,000	280,000	380,000	280,000
42号	87,800						
43号	88,600						
44号	89,400						
45号	90,200						
46号	91,000						
47号	91,800						
48号	92,600						
49号	93,400						
50号	94,200						
51号	95,000						
52号	95,800						
53号	96,600						
54号	97,400						
55号	98,200						
56号	99,000						

第11節　業績給方式の給与規程

1　業績給方式とは

会社が社員に期待することは、「業績を挙げること」「目標を達成すること」である。いくら人柄がよくても、業績を挙げることのできない社員は、会社にとって価値はない。また、いくら立派な学校を卒業していても、業務目標を達成できない社員も、会社にとって価値はない。

社員全員が業績を向上させるために努力し、実際に業績を挙げることにより、会社の成長発展が図られる。このため、会社としては、社員が「業績を挙げること」を目指して働くように社員の動機付けを行うことが必要である。

社員に対し、業績向上の動機付けを図る１つの方法が「業績給制度」である。これは、社員一人ひとりについて業務上の目標を明確にした上で、その目標をどれだけ達成したかを評価し、その評価をもとにして給与（業績給）を決定するというものである。

業績給は、資格等級別、評価別に絶対額で決める。したがって、毎年、評価によって給与（基本給）が洗い替えとなり、定期昇給はない。

2　規程に盛り込む内容

① 対象者の範囲

業績給制度は、個人の業績に応じて給与を決める制度であるから、「個人別の業績を明確に評価できること」が条件となる。

一般的に、
・勤続年数の短い社員
・下位の資格等級に格付けされている社員
・コース別制度において、一般職に格付けされている社員

は、先輩社員や管理・監督者の指示命令に従って補助的、定型的、

部分的な業務を担当するケースが多い。このため、「仕事を正確に処理したか」「仕事を迅速に処理したか」ということは評価できても、個人別の「業績」を把握することは実際問題として困難である。したがって、これらの社員に対して業績給を適用することは難しい。
　これに対して、
　　・役職者
　　・上位の資格等級に格付けされている社員
　　・営業
　　・研究開発、商品開発、システム開発、デザイン（ファッション、インテリア、広告など）等の専門的業務に従事している社員
の場合には、個人の業務の範囲と責任の程度が明確になっているため、個人ごとの業績を評価することが可能である。このため、これらの社員に対して、業績給制度を適用すべきである。
② 計算期間
　給与の計算期間を定める。
③ 支払日
　支払日を定める。
④ 支払方法
　支払いについては、社員の同意を得て、口座振込みとするのが便利である。
⑤ 控除
　給与から社会保険料と税金を控除することを定める。
⑥ 給与の構成
　給与は、基本給と諸手当とから構成することを明確にしておく。
⑦ 基本給の構成
　基本給の構成については、
　　・基本給のすべてを業績給とする
　　・基本給を業績給と他の項目（例えば、年齢給や資格給）とで構成する

⑧ 諸手当

支給する手当について、その支給基準と支給額を定める。

⑨ 時間外勤務手当

労働基準法で支払いが義務づけられている時間外勤務手当および休日勤務手当について、その算出方法を明記しておく。あわせて、管理監督者については、これらの手当を支給しないことを明確にしておく。

⑩ 賞与

賞与について、支給時期、計算期間、支給対象者、支給基準を定める。これにあわせ、「会社の業績が良好でないときは、賞与を支給しないことがある」と定めておくとよい。

3 業績給方式の給与規程モデル

給与規程
第1章 総則

（総則）
第1条 この規程は、社員の給与について定める。
　　2 この規程は、社員5級以上の者に適用する。社員4級以下の者の給与については、別に定める。
（給与の構成・形態）
第2条 給与は、基本給と諸手当をもって構成し、月額をもって定める。
（計算期間）
第3条 給与の計算期間は、次のとおりとする。
　　　　　（計算期間）　　　前月21日〜当月20日
（支払日）
第4条 給与は、毎月25日に支払う。当日が休日のときは、その前日に支払う。
　　2 計算期間の途中で退職する社員に対しては、退職日までの給与を日割計算し、退職日以降7日以内に支払う。
（支払）
第5条 給与は、本人が指定した預貯金口座に振り込むことによって支払う。支払いに当たり、次に掲げるものを控除する。
　　(1)　社会保険料
　　(2)　所得税、住民税
　　(3)　社員代表と協定したもの

第2章 基本給

（基本給）
第6条 基本給は、資格等級別、業績評価別に定めるものとし、別表

のとおりとする。
    2　業績評価は、前年度の業績について行う。
（中途採用者の取り扱い）
第7条　中途採用者については、その能力および経験年数等に応じていずれかの資格等級に格付けし、その資格等級のB評価の業績給を支給する。
    2　4月以降は、業績評価をもとに基本給を決定する。

第3章　諸手当

（家族手当）
第8条　扶養家族を有する者に、次の区分により家族手当を支給する。
    (1)　配偶者　　　　　　　　　15,000円
    (2)　第1子　　　　　　　　　 5,000円
    (3)　第2子　　　　　　　　　 4,000円
    (4)　第3子以下（1人につき）　3,500円
    (5)　父母（1人につき）　　　 5,000円
    2　子は18歳未満の者とする。
    3　親は、65歳以上で、かつ、主として本人の収入により生計を維持している者に限る。

（通勤手当）
第9条　公共交通機関を利用して通勤する者に対して、定期券代の実費を支給する。ただし、非課税限度額をもって支給限度とする。

（役付手当）
第10条　役職者に対し、次の区分により役付手当を支給する。
    (1)　部長　　　　　　　　　　70,000円
    (2)　課長　　　　　　　　　　40,000円
    (3)　係長　　　　　　　　　　20,000円

第4章 業績給の改訂

(時期)
第11条 毎年4月に業績給の改訂を行う。

第5章 賞与

(支給時期)
第12条 毎年6月および12月の2回、賞与を支給する。ただし、会社の業績が良好でないときは、支給しないことがある。

(計算期間)
第13条 賞与の計算期間は、次のとおりとする。
　　　　(1) 夏季賞与　　　前年10月1日～当年3月31日
　　　　(2) 年末賞与　　　4月1日～9月30日

(支給対象者)
第14条 賞与の支給対象者は、次の2つの条件を満たす者とする。
　　　　(1) 支給日当日在籍していること
　　　　(2) 計算期間中の出勤日数が60日以上であること
　　2　定年退職者については、支給日当日在籍していなくても支給する。

(支給基準)
第15条 賞与の支給額は、計算期間における各人の勤務成績および勤務態度を評価して決定する。

(付則) この規程は、　　年　　月　　日から施行する。

(別表)　業績給表

	S評価	A評価	B評価	C評価	D評価
社員5級	420,000	380,000	350,000	320,000	280,000
社員6級	480,000	440,000	400,000	360,000	320,000
社員7級	540,000	500,000	450,000	410,000	360,000
社員8級	600,000	550,000	500,000	450,000	400,000
社員9級	660,000	610,000	550,000	500,000	440,000

4 関連様式

（様式1） 業務目標・業績評価表（一般社員用）

平成　年度　業務目標・業績評価表

所属　　　部　　課　　氏名

I　業務目標

項　目	目標の内容	手段・方法	重要度	難易度
(1)			a・b・c	a・b・c
(2)			a・b・c	a・b・c
(3)			a・b・c	a・b・c
(4)			a・b・c	a・b・c

（注）重要度・難易度の評語

	重要度	難易度
a	高い	むずかしい
b	比較的高い	比較的むずかしい
c	普通	普通

II　業績評価表

評語	S	きわめて十分だった	A	十分だった	B	普通
	C	やや不十分だった	D	不十分だった		

項　目	着眼点	評価
積極性	目標の達成に向けて、積極的、意欲的に取り組んだか。	S A B C D 5 4 3 2 1
責任性	目標達成についての責任を常に意識していたか。	S A B C D 5 4 3 2 1
協調性	同僚と仲良く仕事をしたか。職場の和と人間関係を重視したか。	S A B C D 5 4 3 2 1
規律性	上司の指示命令によく従って仕事をしたか。	S A B C D 5 4 3 2 1
時間活用	勤務時間を有効に使って目標達成に取り組んだか。	S A B C D 5 4 3 2 1
創意工夫	目標を達成するために、手段・方法に創意工夫を図ったか。	S A B C D 5 4 3 2 1
計画性	計画的に目標達成のために取り組んだか。スケジュールを合理的に作成していたか。	S A B C D 5 4 3 2 1
重要度	仕事の重要度、優先度をよく考えて行動したか。重要度の高い仕事に多くの時間を割いたか。	S A B C D 5 4 3 2 1
報告	仕事の進捗度を上司に適切に報告したか。	S A B C D 5 4 3 2 1
自主性	問題の解決、目標の達成に自主的、主体的に取り組んだか。容易に上司、同僚に頼ろうとすることはなかったか。	S A B C D 5 4 3 2 1
目標達成度	目標をどの程度達成することができたか。	S A B C D 50 40 30 20 10
計（100点満点）		点

所見		考課者印

第1章　給与規程

（様式2）　　業務目標・業績評価表（管理職用）

平成　年度　業務目標・業績評価表

役職名　　　　　氏　名

1．業務目標

目標項目 （何を）	目　標 (目標項目をいつ までにどれだけ)	具体的施策	担当者 (誰に担当 させるか)	スケジュール（施策をいつまでに）											
				4	5	6	7	8	9	10	11	12	1	2	3

2．業績評価表

項　目	着　眼　点	評　価
チャレンジ	目標を達成するために積極的にチャレンジしたか。よく頑張ったか。	S A B C D 5 4 3 2 1
創意工夫	目標を達成するために創意工夫を図ったか。仕事がマンネリになることはなかったか。	S A B C D 5 4 3 2 1
計画性	目標を達成するために計画的に取り組んだか。場当たり的なところはなかったか。	S A B C D 5 4 3 2 1
指示命令	部下に対し適切な指示命令を出したか。指示の時期は適切であったか。	S A B C D 5 4 3 2 1
責任性	目標を達成することの責任を常に意識して行動したか。	S A B C D 5 4 3 2 1
実行力	目標を達成するために力強く行動したか。障害や困難にくじけることはなかったか。	S A B C D 5 4 3 2 1
決　断	何か問題が生じたときに周囲の状況をよく分析し、適切な決断を行ったか。	S A B C D 5 4 3 2 1
コスト意識	コスト意識を持って目標達成のために行動したか。	S A B C D 5 4 3 2 1
目標達成度	目標をどの程度達成することができたか。	S A B C D 60 48 36 24 12
計（100点満点）		点

（評語）　S＝きわめて優れていた　　A＝優れていた
　　　　　B＝普通　　　　　　　　C＝やや不十分だった　D＝不十分だった

所見

考課者印

第12節　資格給・業績給方式の給与規程

1　資格給・業績給方式とは
これは、
- 資格等級ごとに決められる「資格給」
- 仕事上の業績（成果）に応じて決められる「業績給」

とから基本給を構成するというものである。

　資格給は、資格等級が変更にならない限り、変更はない。すなわち、昇給することもなければ、ダウンすることもない。これに対して、業績給は、仕事上の業績に応じて、アップダウンがある。業績が良ければ昇給するが、悪ければダウンする。

　資格給は、仕事上の能力のレベルが反映される給与部分である。一方、業績給は、仕事上の成果が反映される給与部分である。したがって、資格給・業績給は、「能力主義」と「成果主義」という2つの性格をもつ給与制度であるといえる。

2　規程に盛り込む内容
　① 　対象者の範囲

　　資格給・業績給方式は、個人の業績に応じて給与を決める制度であるから、「個人別の業績を明確に評価できること」が条件となる。このため、
- 役職者
- 上位の資格等級に格付けされている社員

に適用するのが適切である。

　② 　基本給の構成と決定基準

　　基本給は、資格給と業績給とから構成する。

　　このうち、資格給は、資格等級に応じて決めるものとし、具体的にその金額を定める。一方、業績給は、仕事上の成績に応じて決め

るものとし、具体的にその金額を定める。
③　諸手当
　支給する手当について、その支給基準と支給額を定める。
④　賞与
　賞与について、支給時期、計算期間、支給対象者、支給基準を定める。

第1章 給与規程

3 資格給・業績給方式の給与規程モデル

給与規程

（総則）
第1条　この規程は、社員の給与について定める。
　　2　この規程は、社員5級以上の者に適用する。社員4級以下の者の給与については、別に定める。
（給与の形態）
第2条　給与は、月額をもって定める。
（計算期間）
第3条　給与の計算期間は、次のとおりとする。
　　　　（計算期間）　　前月21日～当月20日
（支払日）
第4条　給与は、毎月25日に支払う。当日が休日のときは、その前日に支払う。
　　2　計算期間の途中で退職する社員に対しては、退職日までの給与を日割計算し、退職日以降7日以内に支払う。
（支払）
第5条　給与は、本人が届け出た預貯金口座に振り込むことによって支払う。支払いに当たり、次に掲げるものを控除する。
　　⑴　社会保険料
　　⑵　所得税、住民税
　　⑶　社員代表と協定したもの
（基本給の構成）
第6条　基本給は、資格給と業績給から構成する。
（資格給）
第7条　資格給は、資格等級別に定めるものとし、別表1のとおりとする。
　　2　中途採用者については、その能力に応じていずれかの資格等

級に格付けし、格付けされた資格等級の資格給を支払う。

（業績給）
第 8 条　業績給は、資格等級別に仕事上の成績に応じて定めるものとし、別表2のとおりとする。
　　2　中途採用者については、格付けされた資格等級のB評価の業績給を支払う。ただし、4月以降は、業績評価によって決定する。

（家族手当）
第 9 条　扶養家族を有する者に、次の区分により家族手当を支給する。
　　　　⑴　配偶者　　　　　　　　　15,000円
　　　　⑵　第1子　　　　　　　　　 5,000円
　　　　⑶　第2子　　　　　　　　　 4,000円
　　　　⑷　第3子以下（1人につき）　3,500円
　　　　⑸　父母（1人につき）　　　 5,000円
　　2　子は18歳未満の者とする。
　　3　親は、65歳以上で、かつ、主として本人の収入により生計を維持している者に限る。

（通勤手当）
第10条　公共交通機関を利用して通勤する者に対して、定期券代の実費を支給する。ただし、非課税限度額をもって支給限度とする。

（役付手当）
第11条　役職者に対し、次の区分により役付手当を支給する。
　　　　⑴　部長　　　　　　　　　　70,000円
　　　　⑵　課長　　　　　　　　　　40,000円
　　　　⑶　係長　　　　　　　　　　20,000円

（業績給の改訂）
第12条　毎年4月に業績給の改訂を行う。

(賞与の支給)
第13条　毎年6月および12月の2回、賞与を支給する。支給対象者は、支給日当日在籍している者とする。ただし、会社の業績が良好でないときは、支給しないことがある。
　　2　定年退職者については、支給日当日在籍していなくても支給する。

(賞与の支給基準)
第14条　賞与の支給額は、計算期間における各人の勤務成績および勤務態度を評価して決定する。

(付則)　この規程は、　　年　月　日から施行する。

(別表1)　資格給表

社員5級	150,000	社員8級	240,000
社員6級	170,000	社員9級	280,000
社員7級	200,000		

(別表2)　業績給表

	S評価	A評価	B評価	C評価	D評価
社員5級	240,000	220,000	200,000	180,000	160,000
社員6級	290,000	260,000	230,000	200,000	170,000
社員7級	350,000	310,000	270,000	230,000	190,000
社員8級	410,000	360,000	310,000	260,000	210,000
社員9級	470,000	410,000	350,000	290,000	230,000

第13節　コミッション給方式の給与規程

1　コミッション給方式とは
　一般の消費者を対象とし、外勤の営業社員（セールス）を活用して商売をしている会社が少なくない。不動産業はその代表である。このような会社では、営業社員の活性化に工夫を図ることが必要である。その1つの工夫がコミッション給制度（歩合給、出来高給）である。これは、売上高、契約件数、販売件数など、営業の成績に応じて給与を支給するというものである。成績が良ければよいほど、多くの給与が支払われるので、営業社員の意欲を刺激する。

2　規程に盛り込む内容
①　対象者の範囲
　コミッション給は、「営業成績に応じて給与を支払う」というものである。このため、営業社員に限定して適用するのが適切である。
②　給与の構成
　給与の構成については、
　・コミッションだけで構成する
　・コミッションのほか、固定給、営業手当を支給する
の2つがある。完全コミッション制を採用すると、営業社員に「営業成績が良くないと、給与がもらえず生活していけないのではないか」という不安を与える。このため、ある程度、固定給を支給するのが望ましい。
③　コミッション給の決め方
　コミッション給の決め方を具体的に定める。例えば、「契約金額の5％」という具合である。当然のことではあるが、コミッション給の決め方は、営業社員にとって魅力のあるものでなければならない。決め方があまり厳しいと、営業社員の理解が得られず、活性化

に結びつかない。

④　計算期間

コミッション給の計算期間を定める。

⑤　支払日

支払日を定める。

⑥　減額の条件

「会社への営業状況の報告が悪い」「営業中に知り得た重要情報を会社に報告しない」「セールスキャンペーンに協力的でない」など、営業社員として不都合な行為があったときは、コミッション給を減額するという制裁措置を講じることを明確にしておくのがよい。

⑦　支払方法

支払いについては、社員の同意を得て、口座振込みとするのが便利である。

3　コミッション給方式の給与規程モデル

給与規程

（総則）
第1条　この規程は、営業社員の給与について定める。
　　2　この規程は、次の者には適用しない。
　　　　⑴　営業部門の管理職
　　　　⑵　営業事務に従事する者

（給与の構成）
第2条　給与は、次に掲げるものをもって構成する。
　　　　⑴　固定給
　　　　⑵　コミッション給
　　　　⑶　通勤手当

（計算期間）
第3条　給与の計算期間は、次のとおりとする。
　　　　　（計算期間）　　　前月16日～当月15日

（支払日）
第4条　給与は、毎月末日に支払う。当日が休日のときは、その前日に支払う。
　　2　計算期間の途中で退職する社員に対しては、退職日までの成績に対応する金額を、退職日以降7日以内に支払う。

（支払）
第5条　給与は、本人が届け出た預貯金口座に振り込むことによって支払う。支払いに当たり、次に掲げるものを控除する。
　　　　⑴　社会保険料
　　　　⑵　所得税、住民税
　　　　⑶　社員代表と協定したもの

（通勤手当）
第6条　公共交通機関を利用して通勤する者に対して、定期券代の実

第1章　給与規程

　　　　　　費を支給する。ただし、非課税限度額をもって支給限度とする。
　　　２　マイカーで通勤する者に対しては、定期券代相当額を支給する。
（固定給）
第7条　固定給は、次のとおりとする。
　　　　　（固定給）　　　1ヵ月当たり150,000円
（コミッション給の種類）
第8条　コミッション給の種類は、次のとおりとする。
　　　⑴　契約件数コミッション
　　　　　　　契約件数を基準とするコミッション
　　　⑵　契約金額コミッション
　　　　　　　契約金額を基準とするコミッション
　　　⑶　代金回収コミッション
　　　　　　　代金回収を基準とするコミッション
（契約件数コミッション）
第9条　契約件数コミッションの算定は、次による。
　　　　　（契約件数コミッション）　契約1件当たり〇〇〇〇円
　　　２　契約件数コミッションの確定時点は、契約締結日とする。
（契約金額コミッション）
第10条　契約金額コミッションの算定は、次による。
　　　　　契約金額コミッション＝契約金額×0.05
　　　２　契約金額コミッションの確定時点は、代金回収日とする。
（代金回収コミッション）
第11条　代金回収コミッションの算定は、次による。
　　　　　代金回収コミッション＝代金回収額×0.01
　　　２　代金回収コミッションの確定時点は、代金回収日とする。
（不支給）
第12条　営業社員が自らの判断により、会社の定める契約条件に違反

して契約したものについては、原則としてコミッションは支給しない。

（減額）
第13条　営業社員が次のいずれかに該当するときは、コミッションを減額することがある。
　　　(1)　会社に対する営業状況の報告、連絡が良くなかったとき
　　　(2)　営業中に知り得た重要な営業情報を会社に報告しなかったとき
　　　(3)　セールスキャンペーン、販促イベントに協力的でなかったとき
　　　(4)　営業会議への出席が良くなかったとき
　　　(5)　しばしば欠勤、遅刻、または早退をしたとき
　　　(6)　会社の指示命令に従わなかったとき
　　　(7)　職場の秩序、規律を乱したとき
　　　(8)　その他前各号に準ずる行為をしたとき

（賞与等の取り扱い）
第14条　営業社員に対しては、次に掲げるものは支給しない。
　　　(1)　時間外勤務手当（みなし労働時間制を適用し使用者による指示は行わない）
　　　(3)　賞与
　　　(4)　退職金

（付則）　この規程は、　　年　月　日から施行する。

第 2 章
賞与規程

第1節 「算定基礎給×支給月数」方式の賞与規程

1 賞与規程作成の意義

多くの会社は、賞与の取り扱いを給与規程の中で明記している。給与規程の最後の部分で賞与の取り扱いを定めているのが実状である。

法律上は、このような方法で特に問題はない。しかし、月例給与と賞与とでは、基本的に性格が異なる。給与は「労働の対価」であるのに対し、賞与は「成果配分」「業績還元」という性格を有している。また、賞与の支給月数は、一般的に年間3ヵ月、4ヵ月にのぼり、総人件費の中で大きな比重を占めている。これらのことを考えると、賞与の取り扱いについて独立した規程を作成し、合理的な管理を行っていくことが望ましい。

2 規程に盛り込む内容

① 支給時期

支給する時期を定める。あわせて、「業績が良好でないときは、賞与を支給しないことがある」と明記しておくとよい。

② 支給対象者

支給対象者は、次の2つの条件を満たす者とする。
・支給日当日在籍していること
・算定期間中、一定日数以上勤務したこと

③　算定期間

夏季賞与、年末賞与のそれぞれについて、算定期間を具体的に定める。

④　算定式

賞与の算定式は、次のいずれかとすることを定める。
・賞与＝基本給×支給月数×出勤率
・賞与＝基準内給与×支給月数×出勤率
・賞与＝基準内給与×一定率×支給月数×出勤率

⑤　出勤率

出勤率の計算方式を明確にしておく。遅刻・早退を欠勤としてカウントする場合、何回をもって欠勤1日とするかをはっきりさせておく。

⑥　控除

賞与から社会保険料、所得税を控除する。

⑦　支払方法

賞与も労働基準法上は「賃金」である。このため、「賃金は通貨で直接労働者に支払わなければならない」という規定が適用される。したがって、原則として通貨で支払うことが必要であるが、実務的には、本人が届け出た口座に振り込むことにするのが便利である。

3　「算定基礎給×支給月数」方式の賞与規程モデル

賞与規程

（総則）
第1条　この規程は、賞与の支給基準を定める。
（支給時期）
第2条　会社は、年2回、6月と12月に業績に応じて賞与を支給する。業績が良好でないときは、支給しないことがある。
　2　支給日は、その都度定める。
（支給対象者）
第3条　賞与は、次のいずれにも該当する者に支給する。
　⑴　支給日に在籍していること
　⑵　算定期間中の勤務日数が所定勤務日数の3分の2以上であること
（算定期間）
第4条　賞与の算定期間は、次の区分による。
　　　　夏季賞与　　　　前年11月21日〜5月20日
　　　　年末賞与　　　　5月21日〜11月20日
（算定式）
第5条　賞与の支給額は、次の算式によって算出する。
　　　　賞与＝基本給×支給月数×出勤率
（支給月数）
第6条　賞与の支給月数は、算定期間における会社の業績に基づき、その都度決定する。
（出勤率）
第7条　出勤率は、次の算式による。
　　　　出勤率＝算定期間中の勤務日数／算定期間中の所定勤務日数
　2　遅刻・早退は、合せて3回をもって欠勤1日とみなす。

(控除)
第8条　賞与から次に掲げるものを控除する。
　　　⑴　社会保険料
　　　⑵　所得税
　　　⑶　その他社員代表と協定したもの
(支払方法)
第9条　賞与は、本人が届け出た口座に振り込むことによって支払う。
(特別支給)
第10条　第3条の規定にかかわらず、次に掲げる者については、支給日に在籍していなくても特別に支給する。
　　　⑴　定年退職者
　　　⑵　その他会社都合による退職者
(付則)　この規程は、　　年　月　日から施行する。

第2節 「算定基礎給×支給月数＋人事考課分」方式の賞与規程

1 賞与と人事考課

賞与の支給については、
・人事考課を行うことなく、全社員に同じ月数を支給する
・人事考課を行って、その結果を支給額に反映させる
の2つがある。

賞与は、本来的に「成果配分」「業績還元」という性格を有している。社員の労働によって獲得できた成果の一部を社員に還元し、その労に報いるところに賞与支給の意義がある。この場合、成果に対する貢献度は、社員によって異なるのが実態である。与えられた業務目標を100％達成して会社の業績に大きく貢献した社員もいれば、そうでない者もいる。こうした現状を考えると、全社員一律に同じ月数を支給するよりも、人事考課を行って個人別の支給月数を決定するほうがよい。

公正に人事考課を行い、その結果を支給額に反映させることにより、社員の活性化が図られる。

2 規程に盛り込む内容

① 支給時期
　支給する時期を定める。
② 支給対象者
　支給対象者は、次の2つの条件を満たす者とする。
　・支給日当日在籍していること
　・算定期間中、一定日数以上勤務したこと
③ 算定期間
　算定期間を定める。

第2章　賞与規程

④　算定式
　賞与の算定式は、次のいずれかとするのがよい。
　・賞与＝基本給×標準支給月数＋人事考課分
　・賞与＝基準内給与×標準支給月数＋人事考課分
⑤　人事考課の対象
　次の分野について人事考課を行うことを明確にしておく。
　・勤務態度（規律性、協調性、積極性、責任性など）
　・業務成績（仕事の正確さ、仕事の迅速さ、業務目標の達成度）
⑥　人事考課分の決定
　人事考課による加算額は、人事考課の区分（S評価、A評価、B評価、C評価、D評価）ごとに決定する。例えば、次のとおりである。
　　　　S評価＝支給月数の1ヵ月分
　　　　A評価＝支給月数の0.6ヵ月分
　　　　B評価＝支給月数の0.3ヵ月分
　　　　C評価＝支給月数の0.1ヵ月分
　　　　D評価＝加算なし

3　「算定基礎給×支給月数＋人事考課分」方式の賞与規程のモデル

賞与規程

（総則）
第1条　この規程は、賞与の支給基準を定める。
（支給時期）
第2条　会社は、年2回、6月と12月に業績に応じて賞与を支給する。業績が良好でないときは、支給しないことがある。
　2　支給日は、その都度定める。
（支給対象者）
第3条　賞与は、次のいずれにも該当する者に支給する。
　⑴　支給日に在籍していること
　⑵　算定期間中の勤務日数が所定勤務日数の3分の2以上であること
（算定期間）
第4条　賞与の算定期間は、次の区分による。
　　　夏季賞与　　前年11月21日～5月20日
　　　年末賞与　　5月21日～11月20日
（算定式）
第5条　賞与の支給額は、次の算式によって算出する。
　　　賞与＝基本給×基準支給月数×出勤率＋人事考課分
（基準支給月数）
第6条　賞与の基準支給月数は、算定期間における会社の業績に基づき、その都度決定する。
（出勤率）
第7条　出勤率は、次の算式による。
　　　出勤率＝算定期間中の勤務日数／算定期間中の所定勤務日数
　2　遅刻・早退は、合せて3回をもって欠勤1日とみなす。

（人事考課分）
第8条　人事考課分は、次の区分によって決定する。

　　　　　S評価
　　　　　A　〃
　　　　　B　〃
　　　　　C　〃
　　　　　D　〃

　2　各区分の加算額は、その都度定める。

（人事考課の対象）
第9条　人事考課は、次の事項について行う。
　　⑴　勤務態度（規律性、協調性、積極性、責任性など）
　　⑵　仕事の成績（仕事の量、仕事の質）

（人事考課の方法）
第10条　人事考課は、所定の人事考課表によって公正に行う。

（控除）
第11条　賞与から次に掲げるものを控除する。
　　⑴　社会保険料
　　⑵　所得税
　　⑶　その他社員代表と協定したもの

（特別支給）
第12条　第3条の規定にかかわらず、定年または会社都合で退職した者については、支給日に在籍していなくても特別に支給する。

（付則）　この規程は、　　年　月　日から施行する。

4　関連様式
（様式１）　　　一般社員の賞与用人事考課表

人事考課表（賞与用）

所　属		氏　名		入　社	昭和・平成　　年　　月

評価基準	S	A	B	C	D
	きわめて優れていた（いる）	優れていた（いる）	普通	やや劣った（やや劣る）	劣った（劣る）

	考課項目	着　眼　点	評　価
態度考課	協調性	①上司、同僚と協力協調して仕事をしたか。 ②職場の和を重視して行動したか。 ③他の社員が忙しいときは進んで手伝ったか。	S A B C D 10 8 6 4 2
	規律性	①会社の規則・規定をよく守ったか。 ②会社の指示、上司の命令によく従ったか。	S A B C D 10 8 6 4 2
	積極性	①仕事に積極的に取り組んだか。 ②忙しいときには、進んで残業をしたり、休日出勤をしたか。	S A B C D 20 16 12 8 4
	責任性	①与えられた仕事を責任を持って最後までやり終えたか。 ②自分の責任と役割をよく意識して仕事に取り組んだか。	S A B C D 20 16 12 8 4
成績考課	仕事の正確さ	①仕事を正確に処理したか。 ②仕事上のミスや間違いはなかったか。	S A B C D 10 8 6 4 2
	仕事の迅速さ	①仕事を迅速に処理したか。 ②期限内に仕事をきちんとやり終えたか。	S A B C D 10 8 6 4 2
	仕事の量	①経験年数や資格にふさわしい量の仕事をしたか。 ②仕事を多く処理して会社の業績に貢献したか。	S A B C D 20 16 12 8 4
		合　計（100点満点）	点

考課月日	月　　日	考課者	

第2章　賞与規程

（様式2）　　管理職の賞与用人事考課表

人事考課表（賞与用）

| 役職名 | | 氏　名 | | 入　社 | 昭和・平成　　年　　月 |

（評価基準）　S＝きわめて優れていた。まことに申し分ない
　　　　　　　A＝優れていた。申し分ない
　　　　　　　B＝普通だった
　　　　　　　C＝やや劣った。多少不十分である
　　　　　　　D＝劣った。不十分である

考課項目		着　眼　点	評　価
態度考課	積極性	①管理職として、部下の先頭に立って、担当部門の業務目標達成のために積極的に取り組んだか。 ②業務の革新、改善に前向きに取り組んだか。	S A B C D 10 8 6 4 2
	責任性	①管理職としての役割と責任をよく自覚し、担当業務に取り組んだか。 ②管理職としての仕事をきちんと果たしたか。	S A B C D 10 8 6 4 2
	経営意識	①会社の経営方針、経営理念を正しく理解して行動したか。 ②担当部門だけの利害得失にこだわらず、広い立場に立って判断しているか。	S A B C D 5 4 3 2 1
	コスト意識	①管理職として常にコスト意識をもって仕事に取り組んだか。 ②日頃からコストダウンと効率化に努めたか。	S A B C D 5 4 3 2 1
成績考課	業務達成度	①管理職として、担当部門の業務目標をどの程度達成できたか。 ②業務の遂行において会社の期待にどの程度応えられたか。	S A B C D 70 56 42 28 14
合　計（100点満点）			点

| 考課月日 | 　　月　　日 | 考課者 | |

第3節 「算定基礎給×支給月数＋人事考課分＋特別加算分」方式の賞与規程

1　賞与の算定式

個人別の賞与の算定式には、さまざまなものがあるが、この方式は、次の3つから賞与を算定するというものである。
- 基礎給×支給月数
- 人事考課分
- 特別加算分（扶養家族数、勤続年数、資格等級などを勘案して特別に加算する額）

この方式は、
- 全社員に一定の月数を支給できる
- 人事考課を行って、その結果を支給額に反映させることができる
- 扶養家族数や勤続年数などに応じて、一定額を加算できる

という特徴がある。

2　規程に盛り込む内容

① 支給時期
　支給する時期を定める。
② 支給対象者
　支給対象者を定める。
③ 算定期間
　算定期間を定める。
④ 算定式
　賞与の算定式は、次のいずれかとするのがよい。
- 賞与＝基本給×標準支給月数＋人事考課分＋特別加算額
- 賞与＝基準内給与×標準支給月数＋人事考課分＋特別加算額

⑤ 人事考課の対象

次の分野について人事考課を行うことを明確にしておく。
・勤務態度（規律性、協調性、積極性、責任性など）
・業務成績（仕事の正確さ、仕事の迅速さ、業務目標の達成度）
⑥　人事考課分の決定基準
　人事考課による加算額は、人事考課の区分（S評価、A評価、B評価、C評価、D評価）ごとに決定する。
⑦　特別加算の決定基準
　特別加算の決定基準を決める。決定基準としては、扶養家族数、勤続年数、資格等級、職務内容などがある。

3 「算定基礎給×支給月数＋人事考課分＋特別加算」方式の賞与規程のモデル

賞与規程

（総則）
第1条　この規程は、賞与の支給基準を定める。

（支給時期）
第2条　会社は、年2回、6月と12月に業績に応じて賞与を支給する。業績が良好でないときは、支給しないことがある。
　2　支給日は、その都度定める。

（支給対象者）
第3条　賞与は、次のいずれにも該当する者に支給する。
　(1)　支給日に在籍していること
　(2)　算定期間中の勤務日数が所定勤務日数の3分の2以上であること

（算定期間）
第4条　賞与の算定期間は、次の区分による。
　　　　夏季賞与　　　前年11月21日〜5月20日
　　　　年末賞与　　　5月21日〜11月20日

（算定式）
第5条　賞与の支給額は、次の算式によって算出する。

> 賞与＝基本給×基準支給月数×出勤率＋人事考課分
> 　　　＋特別加算

（基準支給月数）
第6条　賞与の基準支給月数は、算定期間における会社の業績に基づき、その都度決定する。

（出勤率）
第7条　出勤率は、次の算式による。

第2章　賞与規程

　　　　　　出勤率＝算定期間中の勤務日数／算定期間中の所定勤務日数
　　2　遅刻・早退は、合せて3回をもって欠勤1日とみなす。
（人事考課分）
第8条　人事考課分は、次の区分によって決定する。
　　　　S評価
　　　　A〃
　　　　B〃
　　　　C〃
　　　　D〃
　　2　各区分の加算額は、その都度定める。
（特別加算）
第9条　特別加算は、資格等級を基準として決定する。加算額は、その都度決定する。
（控除）
第10条　賞与から次に掲げるものを控除する。
　　(1)　社会保険料
　　(2)　所得税
　　(3)　その他社員代表と協定したもの
（特別支給）
第11条　第3条の規定にかかわらず、定年または会社都合で退職した者については、支給日に在籍していなくても特別に支給する。
（付則）　この規程は、　　年　月　日から施行する。

第4節 「算定基礎給×支給月数×人事考課係数」方式の賞与規程

1　賞与と人事考課

　賞与は、本来的に「成果配分」「業績還元」という性格を有している。社員の労働によって獲得できた成果の一部を社員に還元し、その労に報いるところに賞与支給の意義がある。このため、全社員一律に同じ月数を支給するよりも、人事考課を行って個人別の支給月数を決定するほうがよい。

　この方式は、「算定基礎給（基本給または基準内給与）×支給月数」という算式で計算される標準支給月数に、人事考課係数を乗じることによって、個人別の支給額を求めるものである。

2　規程に盛り込む内容

① 　支給時期
　支給する時期を定める。あわせて、「業績が良好でないときは、賞与を支給しないことがある」と明記しておく。
② 　支給対象者
　支給対象者を定める。
③ 　算定期間
　算定期間を定める。
④ 　算定式
　賞与の算定式は、次のいずれかとするのがよい。
・賞与＝基本給×標準支給月数×人事考課係数
・賞与＝基準内給与×標準支給月数×人事考課係数
⑤ 　人事考課の対象
　次の分野について人事考課を行うことを明確にしておく。
・勤務態度（規律性、協調性、積極性、責任性など）

・業務成績（仕事の正確さ、仕事の迅速さ、業務目標の達成度）
⑥　人事考課係数
　　人事考課係数を定める。例えば、次のとおりである。
　　　　　S評価＝1.3
　　　　　A評価＝1.15
　　　　　B評価＝1.0
　　　　　C評価＝0.9
　　　　　D評価＝0.8
　　人事考課係数の取り扱いについては、
　　・一般社員、管理職とも同一とする
　　・一般社員と管理職とで分ける
　の2つがある。

3　「算定基礎給×支給月数×人事考課係数」方式の賞与規程モデル

賞与規程

(総則)
第1条　この規程は、賞与の支給基準を定める。

(支給時期)
第2条　会社は、年2回、6月と12月に業績に応じて賞与を支給する。業績が良好でないときは、支給しないことがある。
　2　支給日は、その都度定める。

(支給対象者)
第3条　賞与は、次のいずれにも該当する者に支給する。
　(1)　支給日に在籍していること
　(2)　算定期間中の勤務日数が所定勤務日数の3分の2以上であること

(算定期間)
第4条　賞与の算定期間は、次の区分による。
　　　夏季賞与　　　　前年11月21日〜5月20日
　　　年末賞与　　　　5月21日〜11月20日

(算定式)
第5条　賞与の支給額は、次の算式によって算出する。
　　　　賞与＝基本給×基準支給月数×出勤率×人事考課係数

(基準支給月数)
第6条　賞与の基準支給月数は、会社の業績に基づき、その都度決定する。

(出勤率)
第7条　出勤率は、次の算式による。
　　　　出勤率＝算定期間中の勤務日数／算定期間中の所定勤務日数
　2　遅刻・早退は、合せて3回をもって欠勤1日とみなす。

（人事考課係数）
第8条　人事考課係数は、別表のとおりとする。
（人事考課の対象）
第9条　人事考課は、次の事項について行う。
　　　⑴　勤務態度（規律性、協調性、積極性、責任性など）
　　　⑵　仕事の成績（仕事の量、仕事の質）
（人事考課の方法）
第10条　人事考課は、所定の人事考課表によって公正に行う。
（控除）
第11条　賞与から次に掲げるものを控除する。
　　　⑴　社会保険料
　　　⑵　所得税
　　　⑶　その他社員代表と協定したもの
（特別支給）
第12条　第3条の規定にかかわらず、定年または会社都合で退職した者については、支給日に在籍していなくても特別に支給する。
（付則）　この規程は、　　年　月　日から施行する。

（別表）　人事考課係数表

評価区分	一般社員	役職者
S評価	1.2	1.3
A評価	1.1	1.15
B評価	1.0	1.0
C評価	0.9	0.85
D評価	0.8	0.7

第5節 「算定基礎給×支給月数×人事考課係数＋特別加算分」方式の賞与規程

1　賞与の算定式

　個人別の賞与の算定式には、さまざまなものがあるが、この方式は、次の2つから賞与を算定するというものである。
・基礎給×支給月数×人事考課係数
・特別加算分（扶養家族数、勤続年数、資格等級などを勘案して特別に加算する額）

この方式は、
・人事考課を行って、その結果を支給額に反映させることができる
・扶養家族数や勤続年数や資格等級などに応じて、一定額を加算できる

という特徴がある。

2　規程に盛り込む内容

①　支給時期
　　支給時期を定める。
②　支給対象者
　　支給対象者を定める。
③　算定期間
　　夏季賞与、年末賞与のそれぞれについて、算定期間を具体的に定める。
④　算定式
　　算定式は、次のとおりとする。

> 賞与＝基本給または基準内給与×支給月数×出勤率
> 　　　×人事考課係数＋特別加算

⑤　支給月数

支給月数は、会社の業績に応じて決定することを明確にしておく。
⑥　出勤率
出勤率の計算方式を具体的に定める。
⑦　人事考課係数
人事考課係数を定める。
⑧　特別加算の決定基準
特別加算の決定基準としては、
・扶養家族の有無、人数
・勤続年数
・資格等級
・担当職務
などがある。

3 「算定基礎給×支給月数×人事考課係数＋特別加算分」方式の賞与規程モデル

賞与規程

（総則）

第1条　この規程は、賞与の支給基準を定める。

（支給時期）

第2条　会社は、年2回、6月と12月に業績に応じて賞与を支給する。業績が良好でないときは、支給しないことがある。

2　支給日は、その都度定める。

（支給対象者）

第3条　賞与は、次のいずれにも該当する者に支給する。
(1)　支給日に在籍していること
(2)　算定期間中の勤務日数が所定勤務日数の3分の2以上であること

（算定期間）

第4条　賞与の算定期間は、次の区分による。

夏季賞与　　　前年11月21日～5月20日
年末賞与　　　5月21日～11月20日

（算定式）

第5条　賞与の支給額は、次の算式によって算出する。

> 賞与＝基本給×基準支給月数×出勤率×人事考課係数
> 　　＋特別加算

（基準支給月数）

第6条　賞与の基準支給月数は、会社の業績に基づき、その都度決定する。

（出勤率）

第7条　出勤率は、次の算式による。

出勤率＝算定期間中の勤務日数／算定期間中の所定勤務日数

第2章　賞与規程

　　2　遅刻・早退は、合せて3回をもって欠勤1日とみなす。
（人事考課係数）
第8条　人事考課係数は、別表のとおりとする。
（特別加算）
第9条　特別加算は、勤続年数を基準として決定する。勤続年数の区分は、次のとおりとする。
　　⑴　勤続3年未満
　　⑵　勤続3年以上10年未満
　　⑶　勤続10年以上
　　2　加算額は、その都度定める。
（控除）
第10条　賞与から次に掲げるものを控除する。
　　⑴　社会保険料
　　⑵　所得税
　　⑶　その他社員代表と協定したもの
（支払方法）
第11条　賞与は、本人が届け出た口座に振り込むことによって支払う。
（特別支給）
第12条　第3条の規定にかかわらず、定年または会社都合で退職した者については、支給日に在籍していなくても特別に支給する。
（付則）　この規程は、　　年　月　日から施行する。

（別表）　人事考課係数表

評価区分	一般社員	役職者
S評価	1.2	1.3
A評価	1.1	1.15
B評価	1.0	1.0
C評価	0.9	0.85
D評価	0.8	0.7

第6節　業績還元方式の賞与規程

1　業績還元賞与制度とは

　営業社員の場合は、売上、受注額、受注件数、契約額、契約件数、獲得利益、代金回収などという形で、数字で成績が表われる。この点が、営業社員の仕事の大きな特徴である。そこで、営業社員一人ひとりについて、6ヶ月間の営業成績を把握し、それを夏季および年末に、賞与として還元することが考えられる。この方式を「業績還元賞与制度」という。

　例えば、営業社員の業績を「売上×1％」という形で還元することにする。この場合、1～6月の売上が5,000万円である営業社員の7月の賞与は、次のように計算される。

$$（賞与）5,000万円 \times 1\% = 50万円$$

業績還元賞与制度は、
- 賞与の決定方法が透明である
- 賞与支給原資の変動化を図れる（業績が良好でないときは、賞与の支給額も少なくて済む）
- 営業社員の動機付けを図れる（営業成績を上げれば上げるほど、賞与が多く支給されるため）

などの効果がある。

2　規程に盛り込む内容

① 制度の対象者の範囲
　　制度の対象者は、営業社員とする。
② 賞与の決定基準
　　会社業務の内容を踏まえ、賞与の決定基準を定める。決定基準としては、売上金額、売上数量、受注件数、利益額、代金回収額などがある。

③　賞与の算定式

　賞与の算定式を具体的に決める。当然のことではあるが、算定式があまり厳しすぎると、営業社員のインセンティブ効果が期待できなくなる。

④　除外の条件

　会社としては、秩序ある営業活動を行うことが必要である。このため、会社が定める販売条件に違反して販売された商品については、賞与の計算の対象とはしないことを明確にしておく。

⑤　減額の条件

　賞与を減額する条件を明確にしておく。

3 業績還元方式の賞与規程モデル

営業社員賞与規程

(総則)
第1条　この規程は、営業社員の賞与の取り扱いを定める。
(賞与の支給基準)
第2条　営業社員の賞与は、各人の売上実績および代金回収実績を基準として支給する。
(適用対象者)
第3条　この規程は、すべての営業社員に適用する。
　　2　この規程は、営業部門の役職者には適用しない。
(賞与の算定式)
第4条　賞与の算定式は、次のとおりとする。
　　　　　賞与＝各人の売上×1.5％＋各人の代金回収額×0.5％
(賞与の確定時点)
第5条　賞与の確定時点は、次のとおりとする。
　　(1)　売上―――顧客との間で販売契約を締結した日
　　(2)　代金回収―――顧客から販売代金を回収し、会社に入金した日
(計算期間)
第6条　賞与の計算期間は、次のとおりとする。
　　　　(夏季賞与)　　　前年11月1日～当年4月30日
　　　　(年末賞与)　　　5月1日～10月31日
(支給日)
第7条　賞与の支給日は、次のとおりとする。ただし、当日が休日のときは、その前日に支給する。
　　　　(夏季賞与)　　　6月10日
　　　　(年末賞与)　　　12月10日

第2章　賞与規程

（支給方法）
第8条　賞与は、社員が会社に届け出た口座に振り込むことによって支給する。

（支給対象者）
第9条　賞与の支給対象者は、支給日当日在籍している者とする。支給日前に自己の都合で退職し、当日在籍していない者に対しては支給しない。

（除外）
第10条　会社が定める販売条件に違反して販売されたものについては、賞与の計算の対象とはしない。

（減額）
第11条　社員が次のいずれかに該当するときは、第4条の算定式で得られる額を減額することがある。
　⑴　会社に対する営業状況の報告または連絡が悪かったとき
　⑵　営業活動中に知り得た重要な情報を会社に報告しなかったとき
　⑶　セールスキャンペーン、販促イベントに協力的でなかったとき
　⑷　会社の指定した重要商品、戦略商品の販売に協力的態度をとらなかったとき
　⑸　営業会議への出席状況が悪かったとき
　⑹　職場の秩序、規律を乱す行為のあったとき
　⑺　その他前各号に準ずる行為のあったとき

（改廃の手続き）
第12条　この規程の改廃は、営業担当役員が発議し、役員会の決定により行う。

（付則）　この規程は、　　年　月　日から施行する。

第7節　部門業績反映型の賞与規程

1　部門間の業績格差と賞与

　会社の中には、2つ以上の支店や営業所を置いて営業活動を展開しているところがある。この場合、すべての支店・営業所が良い成績を収めることが理想であるが、実際には成績に格差が生じる。優れた成績を達成する支店・営業所が出る一方で、成績が振るわないところが出る。

　また、会社の中には、取扱商品ごとに事業部を設けて経営を行っているところがある。この場合、すべての事業部門が良い成績を収めて会社の期待に応えることが理想であるが、実際には成績に格差が生じる。優れた成績を達成する事業部門が出る一方で、成績が振るわないところが出る。

　このように、支店、営業所、あるいは事業部門で営業成績に差があるにもかかわらず、賞与の支給額を全社一律に取り扱うのは問題である。一律の取り扱いは、一見すると平等であるが、営業成績の良好な部門の社員のインセンティブに好ましくない影響を与える可能性がある。

　社員全体のインセンティブを高め、会社全体の業績の向上を図るという観点からすると、部門の業績格差を、一定の範囲において賞与の支給額に反映させるべきである。

2　規程に盛り込む内容

① 　賞与の算定式

　部門の業績を賞与に反映させる場合の算定式には、主として次の2つがある。

・賞与＝算定基礎給×支給月数×部門業績係数
・賞与＝算定基礎給×支給月数＋部門業績分

② 　部門業績係数、部門業績分

部門業績係数は、部門の業績に応じて、例えば次のように決める。

　　　　Sランク　　　　　1.3
　　　　Aランク　　　　　1.15
　　　　Bランク　　　　　1.0
　　　　Cランク　　　　　0.85
　　　　Dランク　　　　　0.7

また、部門業績分は、部門の業績に応じて、例えば次のように決める。

　　　　Sランク　　　　　0.5ヶ月分加算
　　　　Aランク　　　　　0.3カ月分加算
　　　　Bランク　　　　　加算なし
　　　　Cランク　　　　　0.3カ月分減額
　　　　Dランク　　　　　0.5カ月分減額

③　部門業績の評価方法

部門の業績の評価方法には、主として、

・単一の指標だけで評価する（単一指標方式）
・総合ポイントで評価する（総合ポイント方式）

などがある。

3　部門業績反映型賞与規程のモデル

(1)　単一指標方式の場合の規程

賞与規程

(総則)
第1条　この規程は、賞与の支給基準について定める。
(支給対象者)
第2条　賞与は、原則として支給日に在籍している者に支給する。ただし、賞与の算定期間中の出勤日数が所定出勤日数の3分の2に満たない者には支給しない。
(支給月)
第3条　賞与の支給月は次のとおりとする。
　　　　夏季賞与　　　　6月
　　　　年末賞与　　　　12月
(算定期間)
第4条　賞与の算定期間は次のとおりとする。
　　　　夏季賞与　　　　前年11月1日～4月30日
　　　　年末賞与　　　　5月1日～10月31日
(算定式)
第5条　賞与の算定式は次のとおりとする。

> 賞与＝各人の基本給×基準支給月数×出勤率
　　　×部門業績係数

(基準支給月数)
第6条　前条において、基準支給月数は、賞与算定期間中の会社の業績によって決定する。
(部門業績係数)
第7条　前々条において、部門業績係数は、部門の業績に応じて決定する係数で、次のとおりとする。

　　　　　　Aランク　　　　1.2
　　　　　　Bランク　　　　1.0
　　　　　　Cランク　　　　0.8
（部門業績の算定）
第8条　部門の業績は、その部門の社員1人当たりの売上高で評価する。
（ランク付け）
第9条　部門のランク付けは、賞与計算期間における社員1人当たりの売上高の実績に応じ、おおむね次の基準で行う。
　　　　　　Aランク　　　　平均を15％以上上回った部門
　　　　　　Bランク　　　　A、C以外の部門
　　　　　　Cランク　　　　平均を15％以上下回った部門
（付則）　この規程は、　　年　月　日から施行する。

(2) 総合ポイント方式の場合の規程

賞与規程

（総則）
第1条　この規程は、賞与の支給基準について定める。
（支給対象者）
第2条　賞与は、原則として支給日に在籍している者に支給する。ただし、賞与の算定期間中の出勤日数が所定出勤日数の3分の2に満たない者には支給しない。
（支給月）
第3条　賞与の支給月は次のとおりとする。
　　　　　　夏季賞与　　　　6月
　　　　　　年末賞与　　　　12月
（算定期間）
第4条　賞与の算定期間は次のとおりとする。

　　　　　夏季賞与　　　　　前年11月１日〜４月30日
　　　　　年末賞与　　　　　５月１日〜10月31日
（算定式）
第５条　賞与の算定式は次のとおりとする。

> 賞与＝各人の基本給×基準支給月数×出勤率
> 　　　×部門業績係数

（基準支給月数）
第６条　前条において、基準支給月数は、賞与算定期間中の会社の業績によって決定する。
（部門業績係数）
第７条　前々条において、部門業績係数は、部門の業績に応じて決定する係数で、次のとおりとする。
　　　　　Ａランク　　　　1.2
　　　　　Ｂランク　　　　1.0
　　　　　Ｃランク　　　　0.8
（部門業績の算定）
第８条　部門の業績は、次に掲げる項目の総ポイントで評価する。
　　　(1)　売上目標達成率
　　　(2)　粗利益目標達成率
　　　(3)　社員１人当たり売上高
　　　(4)　社員１人当たり粗利益
　　２　各項目のポイントは、別表のとおりとする。
（ランク付け）
第９条　部門のランク付けは、総ポイントの順位に応じ、おおむね次の基準で行う。
　　　　　Ａランク　　　　上位20％の部門
　　　　　Ｂランク　　　　Ａ、Ｃ以外の部門
　　　　　Ｃランク　　　　下位20％の部門
（付則）　この規程は、　　年　　月　　日から施行する。

（別表）　業績ポイント付与基準表

	算定式	成績区分	付与ポイント
売上目標達成率	売上実績／売上目標	125％以上	15
		115〜125％未満	12
		95〜115％未満	9
		80〜95％未満	6
		80％未満	3
粗利益目標達成率	粗利益実績／粗利益目標	115％以上	15
		105〜115％未満	12
		95〜105％未満	9
		85〜95％未満	6
		85％未満	3
1人当たり売上高	売上高／社員数	3,000万円以上	9
		2,500〜3,000万円未満	6
		2,000〜2,500万円未満	4
		1,500〜2,000万円未満	2
		1,500万円未満	1
1人当たり粗利益	粗利益／社員数	800万円以上	15
		600〜800万円未満	12
		400〜600万円未満	9
		200〜400万円未満	6
		200万円未満	3

第8節　部門別賞与支給規程

1　部門別賞与支給制度とは
　賞与については、会社全体の業績に応じて支給月数を決めている会社が多い。しかし、いくつかの事業部門を抱え、しかも、事業部門によって業績に大きな格差がある会社の場合は、このような全社一律方式は、必ずしも合理的ではない。業績が良好な部門の社員の勤労意欲に好ましくない影響を与えるおそれがある。
　事業部門によって業績に大きな格差がある場合には、部門ごとに賞与の支給額を決めるほうが合理的である。部門ごとに、その部門の業績に応じて賞与を決める制度を「部門別賞与支給制度」という。この制度は、
　・独立採算制を徹底できる
　・部門経営に対する社員の意識を高揚できる
　・勤労意欲を刺激できる（業績を向上させればさせるほど、他の部門よりも賞与支給額が多くなるため）
などの効果がある。

2　規程に盛り込む内容
　①　賞与支給の原則
　「賞与は、部門ごとにその部門の業績に応じて支給する」ことを明確にしておく。
　②　対象者の範囲
　対象者の範囲については、
　　・役職者だけに適用する（一般社員については、部門の業績にかかわりなく全社一律に支給する）
　　・全社員に適用する
　の2つがある。

「部門経営について直接の責任を負っているのは役職者である」という考えに立てば、部門別賞与支給制度は、役職者だけに適用するのが妥当である。

これに対し、「全社員が頑張らなければ部門の業績は上がらない」という考えに立てば、全社員に適用するべきである。

③ 支給額の決定権限

部門の最高責任者がその部門の業績を勘案して賞与の支給額を決定することを明確にしておく。あわせて、「部門の最高責任者は、その部門の業績を十分に勘案して賞与の支給額を決定しなければならないこと」も明確にしておく。

④ 社長の承認

部門の最高責任者は、賞与の支給について、社長の承認を得なければならないことにする。社長は、会社の最高の責任者である。したがって、社長の承認制にするのは当然のことであろう。

⑤ 賞与の支給時期

賞与の支給時期は、全社同一とする。

⑥ 賞与の計算期間

賞与の計算期間も、全社同一とする。

3　部門別賞与支給規程のモデル

(1)　管理職だけに適用する場合の規程

賞与規程

（総則）
第1条　この規程は、賞与の支給について定める。
（対象者の範囲）
第2条　この規程は、役職者に適用する。
（支給時期）
第3条　会社は、年2回、6月と12月に賞与を支給する。
　2　支給日は、その都度定める。
（支給対象者）
第4条　賞与は、次のいずれにも該当する者に支給する。
　　(1)　支給日に在籍していること
　　(2)　算定期間中の勤務日数が所定勤務日数の3分の2以上であること
（算定期間）
第5条　賞与の算定期間は、次の区分による。
　　　　夏季賞与　　　前年11月21日〜5月20日
　　　　年末賞与　　　5月21日〜11月20日
（算定式）
第6条　賞与の支給額は、次の算式によって算出する。
　　　賞与＝基本給×支給月数×出勤率
（支給月数）
第7条　賞与の支給月数は、算定期間における部門の業績に基づき、部門長が決定する。
　2　部門長は、部門の業績を十分に勘案して支給月数を決定しなければならない。

第2章　賞与規程

　　　3　部門長は、支給月数について、社長の承認を得なければならない。
　　　4　一般社員の支給月数は、全社一律に決定する。
（出勤率）
第8条　出勤率は、次の算式による。
　　　　出勤率＝算定期間中の勤務日数／算定期間中の所定勤務日数
　　　2　遅刻・早退は、合せて3回をもって欠勤1日とみなす。
（控除）
第9条　賞与から次に掲げるものを控除する。
　　　(1)　社会保険料
　　　(2)　所得税
　　　(3)　その他社員代表と協定したもの
（支払方法）
第10条　賞与は、本人が届け出た口座に振り込むことによって支払う。
（付則）　この規程は、　　年　月　日から施行する。

(2)　全社員に適用する場合の規程

賞与規程

（総則）
第1条　この規程は、賞与の支給について定める。
（対象者の範囲）
第2条　この規程は、全社員に適用する。
（支給時期）
第3条　会社は、年2回、6月と12月に賞与を支給する。
　　　2　支給日は、その都度定める。
（支給対象者）
第4条　賞与は、次のいずれにも該当する者に支給する。

　　　　⑴　支給日に在籍していること
　　　　⑵　算定期間中の勤務日数が所定勤務日数の3分の2以上であること
（算定期間）
第5条　賞与の算定期間は、次の区分による。
　　　　夏季賞与　　　　前年11月21日〜5月20日
　　　　年末賞与　　　　5月21日〜11月20日
（算定式）
第6条　賞与の支給額は、次の算式によって算出する。
　　　　　賞与＝基本給×支給月数×出勤率
（支給月数）
第7条　賞与の支給月数は、算定期間における部門の業績に基づき、部門長が決定する。
　　2　部門長は、部門の業績を十分に勘案して支給月数を決定しなければならない。
　　3　部門長は、支給月数について、社長の承認を得なければならない。
（出勤率）
第8条　出勤率は、次の算式による。
　　　　　出勤率＝算定期間中の勤務日数／算定期間中の所定勤務日数
　　2　遅刻・早退は、合せて3回をもって欠勤1日とみなす。
（控除）
第9条　賞与から次に掲げるものを控除する。
　　　　⑴　社会保険料
　　　　⑵　所得税
　　　　⑶　その他社員代表と協定したもの
（支払方法）
第10条　賞与は、本人が届け出た口座に振り込むことによって支払う。

第2章 賞与規程

（付則）この規程は、　年　月　日から施行する。

第9節　決算賞与規程

1　決算賞与の効果

　会社としては「良い決算をすること」が理想である。いくら「品質の優れた商品を生産している」とか「古い歴史がある」とか誇っていても、赤字決算が続くようでは、会社の存立は難しい。
　良い決算をするためには、全社員一丸となって努力することが必要である。決算が良好であったときに、通常の賞与とは別に特別に賞与を支給し、社員の労を報いる制度を、一般に「決算賞与」という。決算賞与の支給は、
　・社員のインセンティブを高められる
　・決算に対する社員の関心を高めることができる
　・労使の信頼関係を強化できる
などの効果がある。

2　規程に盛り込む内容

①　支給する条件

　決算賞与を支給する条件を定める。条件は、具体的、客観的に定めることが必要である。ただ単に「決算が良好であったときは、特別に決算賞与を支給する」とか、「好決算を収めることができたときは、特別に賞与を支給することがある」というだけでは、規定として不十分である。条件は、例えば、「前年度に比較し、経常利益が10％以上増加したときに支給する」という具合に定める。

②　支給額の決め方

　支給額の決定基準を定める。支給原資を各人の給与に比例して配分することにするのが合理的である。

③　支給時期

　決算賞与という性格から、決算が確定したらできる限り速やかに

支給するのがよい。
④　支給対象者
　　支給対象者を合理的に定める。

3 決算賞与規程のモデル

決算賞与規程

（総則）
第1条　この規程は、決算賞与の支給について定める。

（支給条件）
第2条　会社は、年度決算が次の2つの条件を満たしたときに、社員に、定期賞与（夏季および年末）とは別に決算賞与を支給する。
　　　⑴　経常利益が○千万円以上出たとき
　　　⑵　経常利益が前年度比15％以上であったとき

（支給総額）
第3条　決算賞与の支給総額は、決算の状況に応じて役員会で決定する。

（個人別の支給額）
第4条　個人別の支給額は、支給総額を各人の基本給に比例させて配分する形で決定する。

（支給日）
第5条　決算賞与は、原則として、決算が確定した日以降1週間以内に支給する。

（支給対象者）
第6条　決算賞与は、次のいずれにも該当する社員に支給する。
　　　⑴　支給日当日在籍していること
　　　⑵　決算年度の初日から在籍していること
　　　⑶　決算年度中に1ヶ月以上休職していないこと
　2　前項の定めにかかわらず、会社都合による退職者に対しては、支給日当日在籍していなくても特別に支給する。

（付則）　この規程は、　年　月　日から施行する。

第 3 章

年俸規程

第1節　管理職年俸規程

1　管理職年俸制の趣旨

　年俸制度は、賞与も含めた年間の給与をあらかじめ決めるというものである。「年〇〇〇万円」というように、1年間の給与を決定する。

　月給制の場合は、1ヶ月を単位として給与を決めるという性格上、生活に必要とされる費用（生計費）を保障するという色彩が濃い。しかも、短い期間を単位として給与を決めるため、各人の業績評価を反映するにはおのずから限界がある。これに対して年俸制度は、賞与も含めた年間の給与を一括して決めることになるため、各人の業績を明確に反映させることが可能となる。業績に応じて、年俸をアップさせることも、ダウンさせることもできる。業績評価を給与にはっきりと反映させることのできる点が年俸制度の大きなメリットである。

　年俸制度には、この他、「実力主義、能力主義の賃金管理ができる」「経営への参加意識を高めることができる」「社員の個別的賃金管理ができる」「比較的簡単に年収調整ができる」など、さまざまなメリットがある。

　年俸制度を適用するのが適しているのは、
　　・一人ひとりの仕事上の役割と責任が明確に定められていること
　　・個人別の成果、成績を把握できること
という2つの条件を満たす職種である。具体的には、管理職と専門職

である。

2 規程に盛り込む内容

① 年俸の決め方

年俸の決め方には、「総合方式」と「積み上げ方式」の２つがある。

「総合方式」は、前年の仕事上の成績、職務遂行能力、社内で果たすべき役割、さらには、会社の期待度などの要素を総合的に判断して「年間○○○○万円」という形で、年俸一本で決めるものである。例えば、「能力が高く、前年業務目標を完全に達成し、会社の期待によく応えてくれたから、1,200万円とする」というように、年俸を決定する。

これに対し、「積み上げ方式」は、月給に相当する部分（労働の対価）と、賞与に相当する部分（業績に対する報酬）とを積み上げて年俸を決めるものである。この場合、月給に相当する部分を「基本年俸」、賞与に相当する部分を「業績年俸」と呼ぶ。例えば、次のように決める。

　　　　基本年俸　　　　600万円
　　　　業績年俸　　　　400万円
　　　　　計　　　　　1,000万円

② 基本年俸の決定要因

年俸を基本年俸と業績年俸とから構成するときは、基本年俸の決定基準を明確にしておく。

③ 業績年俸の決定要因

業績年俸は、
　・業務目標をどれだけ達成したか
　・会社の業績にどれだけ貢献したか
　・会社の期待にどれだけ応えたか
を公正に評価して決定する。

④ 年俸の計算期間

年俸の計算期間の決め方としては、
・暦年方式（1月1日〜12月31日）
・年度方式（4月1日〜翌年3月31日）
・決算年度方式（決算年度の初日〜末日）
などがある。

⑤ 諸手当

月給制の場合には、基本給を補完する形で、家族手当、住宅手当、役付手当、通勤手当など、さまざまな手当が支給されている。年俸制度において、これらの手当をどのように取り扱うかを決める。

⑥ 支払

労働基準法は「賃金は、毎月1回以上、一定の期日を定めて支払わなければならない」と規定している。この規定は、年俸制度の場合にも適用される。したがって、年俸を分割して毎月支払うことにする。

年俸を基本年俸と業績年俸とから構成する日本型年俸制度を採用したときは、次のように支払うのがよい。
・基本年俸は12等分し、毎月1等分ずつ支払う
・業績年俸は2等分し、賞与の支給月に支払う

これに対し、年俸一本で決めるときは、次のいずれかを採用する。
・年俸を12等分し、毎月1等分ずつ支払う
・年俸を13等分以上に分割し、毎月1等分ずつ、賞与の支給月には数等分ずつ支払う

⑦ 退職者の取り扱い

年俸制度は、1年を単位として給与を決める制度であるが、これは、無条件でその全額を支払うことを約束するものではない。「1年間継続的に働くこと」が支払いの条件となる。年俸の計算期間の途中で退職する者に対しては、残余の年俸は支払わないことを明記しておく。

⑧ 遅刻、欠勤の取り扱い

　月給制の場合、遅刻、早退、欠勤などの不就業時間に対しては給与を差し引くことがある。年俸制度の場合も、遅刻、早退、欠勤などの不就業時間について給与を差し引くことが考えられる。また、差し引いても法律上、特に問題は生じない。しかし、年俸制は、本来的に「仕事」を基準にして給与を決めるものである。このため、遅刻、早退、欠勤などによる不就業時間があっても、原則として給与を差し引かないことにする。

⑨ 休職者の取り扱い

　私傷病で長期にわたって休職するときは、給与を支払わないことにする。

⑩ 減額率の上限

　年俸を改定するときに、減額になることがある。この場合、減額の上限を設けるか設けないかを明確にしておく。

3 管理職年俸規程のモデル

(1) 基本年俸と業績年俸とから構成する場合の規程

管理職年俸規程

(総則)
第1条　この規程は、管理職の給与を1年を単位として決定する「管理職年俸制度」の取り扱いについて定める。
(対象者)
第2条　この規程は、次の者に適用する。
　　(1)　課長以上の役職者
　　(2)　専門職
(計算期間)
第3条　年俸の計算期間は、次のとおりとする。
　　　　計算期間＝4月1日～翌年3月31日
(年俸の構成)
第4条　年俸は、基本年俸と業績年俸から構成する。
(基本年俸)
第5条　基本年俸は、次の事項を総合的に勘案して決定する。
　　(1)　担当する職務の内容(遂行の困難さ、責任の重大性)
　　(2)　会社での役割
　　(3)　会社の期待度
　2　年度の途中で職務の内容、役割または期待度を変更したときは、基本年俸を変更することがある。ただし、この場合、原則として減額することはない。
(通勤手当)
第6条　公共交通機関を利用して通勤する者に対しては、定期券代の実費を支給する。ただし、非課税限度額をもって支給限度とする。

第3章　年俸規程

（業績年俸）
第7条　業績年俸は、前年度における業務目標の達成度および会社業績への貢献度を評価して決定する。

（時間外勤務手当等）
第8条　年俸制の適用者に対しては、次に掲げる手当は支給しない。
　　⑴　時間外勤務手当
　　⑵　休日勤務手当

（支払）
第9条　年俸の支払は次による。
　　⑴　基本年俸　12等分し、毎月25日に1等分ずつ支払う。
　　⑵　業績年俸　2等分し、6月と12月に1等分ずつ支払う。

（控除）
第10条　年俸の支払にあたり、次のものを控除する。
　　⑴　社会保険料
　　⑵　所得税、住民税

（支払方法）
第11条　年俸は、社員が申し出た銀行口座へ振り込むことによって支払う。

（退職者の取り扱い）
第12条　年俸の計算期間の途中で退職した者に対しては、残余の年俸は支払わない。
　2　退職日が月の途中であるときは、次に掲げる額を退職日に支払う。
　　　　支払額＝基本年俸の日額×1日から退職日までの勤務日数
　3　前項において、基本年俸の日額は、次の算式で算出する。
　　　　基本年俸の日額＝基本年俸／年間所定勤務日数

（改定）
第13条　年俸は、毎年4月1日付で改定する。
　2　基本年俸が減額する場合、その減額幅は、前年度比20％を超

えないものとする。
(遅刻、欠勤等の控除)
第14条　遅刻、欠勤等の不就業時間については、原則として年俸を控除しない。
(休職中の取り扱い)
第15条　私傷病等によって1ヶ月以上休職するときは、その期間中、年俸は支払わない。
(付則)　この規程は、　年　月　日から施行する。

(2)　年俸一本で構成する場合の規程

管理職年俸規程

(総則)
第1条　この規程は、管理職の給与を1年を単位として決定する「管理職年俸制度」の取り扱いについて定める。
(対象者)
第2条　この規程は、次の者に適用する。
　　(1)　課長以上の役職者
　　(2)　専門職
(計算期間)
第3条　年俸の計算期間は、次のとおりとする。
　　　計算期間＝4月1日～翌年3月31日
(年俸の決定基準)
第4条　年俸は、次の事項を総合的に勘案して決定する。
　　(1)　担当する職務の内容(遂行の困難さ、責任の重大性)
　　(2)　職務遂行能力
　　(3)　会社での役割
　　(4)　会社の期待度
　　(5)　前年度における業務目標の達成度

(6)　前年度における会社業績への貢献度
　2　年度の途中で職務の内容、役割または期待度を変更したときは、年俸を変更することがある。ただし、この場合、原則として減額することはない。

（通勤手当）

第5条　公共交通機関を利用して通勤する者に対しては、定期券代の実費を支給する。ただし、非課税限度額をもって支給限度とする。

（時間外勤務手当等）

第6条　年俸制の適用者に対しては、次に掲げる手当は支給しない。
　　(1)　時間外勤務手当
　　(2)　休日勤務手当

（支払）

第7条　年俸は12等分し、毎月25日に1等分ずつ支払う。

（控除）

第8条　年俸の支払にあたり、次のものを控除する。
　　(1)　社会保険料
　　(2)　所得税、住民税

（支払方法）

第9条　年俸は、社員が申し出た銀行口座へ振り込むことによって支払う。

（退職者の取り扱い）

第10条　年俸の計算期間の途中で退職する者に対しては、残余の年俸は支払わない。
　2　退職日が月の途中であるときは、次に掲げる額を退職日に支払う。
　　　　支払額＝年俸の日額×1日から退職日までの勤務日数
　3　前項において、年俸の日額は、次の算式で算出する。
　　　　年俸の日額＝年俸／年間所定勤務日数

（改定）
第11条　年俸は、毎年4月1日付で改定する。
（休職中の取り扱い）
第12条　私傷病等によって1ヶ月以上休職するときは、その期間中、年俸は支払わない。
（付則）　この規程は、　年　月　日から施行する。

第3章　年俸規程

第2節　管理職半期年俸規程

1　管理職半期年俸制の趣旨

　管理職半期年俸制度は、管理職について、賞与も含めた半年間の給与をあらかじめ決めるというものである。「半期〇〇〇万円」というように、半年間の給与を決定する。

　管理職半期年俸制も、1年を単位とする年俸制と同じように、
　・管理職の業績評価を明確にできる
　・実力主義、能力主義の賃金管理ができる
　・管理職の経営への参加意識を高めることができる
　・管理職の個別的賃金管理ができる
　・比較的簡単に年収調整ができる
など、さまざまなメリットがある。

2　規程に盛り込む内容

　① 　半期年俸の決め方

　　半期年俸の決め方には、「総合方式」と「積み上げ方式」の2つがある。

　　「総合方式」は、前期の仕事上の成績、職務遂行能力、社内で果たすべき役割、さらには、会社の期待度などの要素を総合的に判断して「半期〇〇〇〇万円」という形で、年俸一本で決めるものである。例えば、「能力が高く、前期において業務目標を完全に達成し、会社の期待によく応えてくれたから、今後6ヶ月間の給与を600万円とする」というように、半年間の給与を決定する。

　　これに対し、「積み上げ方式」は、月給に相当する部分（労働の対価）と、賞与に相当する部分（業績に対する報酬）とを積み上げて年俸を決めるものである。この場合、月給に相当する部分を「基本年俸」、賞与に相当する部分を「業績年俸」と呼ぶ。例えば、次

のように決める。
   基本年俸   300万円
   業績年俸   200万円
    計   500万円
② 基本年俸の決定要因
 年俸を基本年俸と業績年俸とから構成するときは、基本年俸の決定基準を明確にしておく。
③ 業績年俸の決定要因
 業績年俸は、
 ・業務目標をどれだけ達成したか
 ・会社の業績にどれだけ貢献したか
 ・会社の期待にどれだけ応えたか
を公正に評価して決定する。
④ 半期年俸の計算期間
 半期年俸の計算期間を定める。
⑤ 諸手当
 手当を支給するときは、その支給基準を定める。
⑥ 支払
 年俸を基本年俸と業績年俸とから構成する日本型年俸制度を採用したときは、次のように支払うのがよい。
 ・基本年俸は6等分し、毎月1等分ずつ支払う
 ・業績年俸は賞与の支給月に支払う
 これに対し、年俸を年俸一本で決めるときは、次のいずれかを採用する。
 ・半期年俸を6等分し、毎月1等分ずつ支払う
 ・半期年俸を7等分以上に分割し、毎月1等分ずつ、賞与の支給月には数等分支払う
⑦ 退職者の取り扱い
 半期の途中で退職する者の取り扱いを定める。

⑧　減額率の上限
　年俸を改定するときに、減額になることがある。この場合、減額の上限を設けるか設けないかを明確にしておく。

3　管理職半期年俸規程のモデル

管理職半期年俸規程

（総則）
第1条　この規程は、管理職の給与を半期を単位として決定する「管理職半期年俸制度」の取り扱いについて定める。

（対象者）
第2条　この規程は、次の者に適用する。
　⑴　課長以上の役職者
　⑵　専門職

（計算期間）
第3条　半期年俸の計算期間は、次のとおりとする。
　　　　上期　　　　　4月1日～9月30日
　　　　下期　　　　　10月1日～翌年3月31日

（半期年俸の構成）
第4条　半期年俸は、基本年俸と業績年俸から構成する。

（基本年俸）
第5条　基本年俸は、次の事項を総合的に勘案して決定する。
　⑴　担当する職務の内容（遂行の困難性、責任の重大性）
　⑵　会社での役割
　⑶　会社の期待度
　2　期の途中で職務の内容、役割または期待度を変更したときは、基本年俸を変更することがある。ただし、この場合、原則として減額することはない。

（通勤手当）
第6条　公共交通機関を利用して通勤する者に対しては、定期券代の実費を支給する。ただし、非課税限度額をもって支給限度とする。

（業績年俸）
第7条　業績年俸は、前期における業務目標の達成度および会社業績への貢献度を評価して決定する。

（時間外勤務手当等）
第8条　半期年俸制の適用者に対しては、次に掲げる手当は支給しない。
　　⑴　時間外勤務手当
　　⑵　休日勤務手当

（支払）
第9条　半期年俸の支払は次による。
　　⑴　基本年俸　　6等分し、毎月25日に1等分ずつ支払う。
　　⑵　業績年俸　　上期は6月、下期は12月に支払う。

（控除）
第10条　給与の支払にあたり、次のものを控除する。
　　⑴　社会保険料
　　⑵　所得税、住民税

（支払方法）
第11条　給与は、社員が申し出た銀行口座へ振り込むことによって支払う。

（退職者の取り扱い）
第12条　計算期間の途中で退職する者に対しては、残余の給与は支払わない。
　2　退職日が月の途中であるときは、次に掲げる額を退職日に支払う。
　　　　支払額＝基本年俸の日額×1日から退職日までの勤務日数
　3　前項において、基本年俸の日額は、次の算式で算出する。
　　　　基本年俸の日額＝基本年俸／半期の所定勤務日数

（改定）
第13条　半期年俸は、次の時期に改定する。

　　　　　上期　　　　　　4月1日
　　　　　下期　　　　　　10月1日
　　2　基本年俸が減額する場合、その減額幅は、前期比20％を超えないものとする。
（遅刻、欠勤等の控除）
第14条　遅刻、欠勤等の不就業時間については、原則として給与を控除しない。
（休職中の取り扱い）
第15条　私傷病等によって1ヶ月以上休職するときは、その期間中、給与は支払わない。
（付則）　この規程は、　年　月　日から施行する。

第3節　全社員年俸規程

1　全社員年俸制の趣旨

年俸制を実施する場合、これまでは、管理職に限って適用する会社が多かった。しかし、最近は、
・管理職のみならず、一般社員についても業績評価を明確にしたい
・一般社員についても、実力主義、能力主義の賃金管理をしたい
・すべての社員について、経営への参加意識を高めたい
・すべての社員について、個別的賃金管理がしたい
などの目的で、すべての社員に適用する会社が増えている。

2　規程に盛り込む内容

① 年俸の構成
　年俸の構成については、
　・「年間○○○万円」という形で年俸一本で決める
　・月給に相当する「基本年俸」と賞与に相当する「業績年俸」とから構成する
の2つがある。
② 基本年俸の決定基準
　年俸を「基本年俸」と「業績年俸」とから構成するときは、基本年俸の決定基準を明確にしておく。一般的にいえば、基本年俸は、次に掲げるものを総合的に勘案して決めるのが適切である。
　・担当する職務の内容
　・職務遂行能力
　・会社での役割
　・会社の期待度
③ 業績年俸の決定基準
　年俸を「基本年俸」と「業績年俸」とから構成するときは、業績

年俸の決定基準を明確にしておく。一般的にいえば、業績年俸は、次に掲げるものを評価して決めるのが適切である。
- ・前年度における業務目標の達成度
- ・前年度における会社業績への貢献度

④　手当の支給基準

手当を支給するときは、その支給基準を明確にしておく。

⑤　時間外勤務手当の取り扱い

労働基準法は、「労働者に1日8時間を超えて労働させたときには、時間外勤務手当（いわゆる残業代）を支払わなければならない」と定めている。管理監督者については、この規定が適用されないので特に問題はないが、一般社員については適用される。したがって、一般社員に年俸制度を適用するときは、あらかじめ時間外勤務手当の取り扱いを決めておく必要がある。

時間外勤務手当の取り扱いには、次の2つの方法がある。
- ・年俸とは別に、時間外勤務手当を1ヵ月ごとに支払う（例えば、10月に20時間だけ時間外勤務を命令したときは、11月に20時間分の時間外勤務手当を支払う）
- ・毎月一定の時間外勤務があるものとみなし、それに相当する時間外勤務手当をあらかじめ年俸の中に組み込んでおく（例えば、毎月20時間の時間外勤務が行われるものとみなし、毎月20時間分、年間240時間分の時間外勤務手当を組み込んで年俸を決定する）

一般に時間外勤務の時間数は、月によって変動する。多い月もあれば、それほど多くない月もある。このため、年俸とは別に時間外勤務手当を1ヶ月ごとに支払うことにするのが、理論的に考えると合理的である。しかし、このような取り扱いをすると、実務的に煩雑である。また、成果主義を徹底するという年俸制度の趣旨にも反する。このため、毎月一定の時間外勤務があるものとし、その時間に相当する時間外勤務手当を組み込んで年俸を決めることにするの

が妥当である。例えば、毎月20時間、年間240時間の時間外勤務があるものとし、240時間分の時間外勤務手当を組み込んで年俸を決定する。

この場合には、時間外手当をめぐって無用のトラブルが生じることのないよう、前もって社員に対し、「年俸のうち、〇〇万円は240時間分の時間外勤務手当である」と説明しておく。

なお、年俸制度の場合、時間外勤務手当は、次の算式によって計算する。

時間外勤務手当（1時間当たり）＝（基本年俸。ただし、家族手当、通勤手当を除く）／1年間の所定勤務時間数）×1.25

⑥ 計算期間

年俸の計算期間を定める

⑦ 支払

年俸を「基本年俸」と「業績年俸」とから構成するときは、
・基本年俸は、12等分して毎月1等分ずつ支払う
・業績年俸は、2等分して6月と12月に支払う
という取り扱いをする。

⑧ 控除

年俸の支払いに当たり、社会保険料と所得税、住民税を控除する。

⑨ 欠勤、遅刻等の取り扱い

欠勤、遅刻、早退等による不就業時間があったときの取り扱いを具体的に定めておく。

⑩ 退職者の取り扱い

年度の途中で退職したときは、残余の年俸は支払わないことを明確にしておく。

⑪ 減額率の上限

年俸を改定するときに、減額になることがある。この場合、減額の上限を設けるか設けないかを明確にしておく。

3　全社員年俸制規程のモデル

(1)　年俸を基本年俸と業績年俸とから構成する場合の規程

年俸規程
第1章　総則

(目的)
第1条　この規程は、社員の給与の取り扱いについて定める。
(対象者)
第2条　社員の給与は、1年を単位として定める。ただし、次に掲げる者は除く。
　　(1)　パートタイマー
　　(2)　嘱託社員
　　(3)　その他非正規社員

第2章　年俸の計算と決定基準

(計算期間)
第3条　年俸の計算期間は、次のとおりとする。
　　　　計算期間＝4月1日〜翌年3月31日
(年俸の構成)
第4条　年俸は、基本年俸（基本給、諸手当）と業績年俸から構成する。
(基本年俸)
第5条　基本年俸のうち基本給は、次の事項を総合的に評価して決定する。
　　(1)　担当する職務の内容
　　(2)　職務遂行能力
　　(3)　会社での役割
　　(4)　会社の期待度

第3章　年俸規程

（時間外労働の取り扱い）
第6条　管理監督者以外の社員については、毎月（1日～末日）20時間の時間外労働があるものとみなし、それに相当する時間外労働手当を基本年俸のなかに組み入れる。
　　2　1ヶ月の時間外労働が20時間を超えたときは、その超えた時間に対して時間外労働手当を追加的に支払う。
　　3　時間外労働手当の追加分は、翌月の25日に支払う。
　　4　1ヶ月の時間外労働が20時間を下回ったときは、会社は、時間外労働手当分の返還を請求しない。

（家族手当）
第7条　扶養家族を有する者には、次の区分により家族手当を支給する（月額）。
　　　　⑴　配偶者　　　　　　　　　　15,000円
　　　　⑵　第1子　　　　　　　　　　 5,000円
　　　　⑶　第2子　　　　　　　　　　 4,000円
　　　　⑷　第3子以下（1人につき）　　3,000円

（通勤手当）
第8条　公共交通機関を利用して通勤する者に対しては、定期券代の実費を支給する。ただし、非課税限度額をもって支給限度とする。

（業績年俸）
第9条　業績年俸は、前年度における業務目標の達成度および会社業績への貢献度を公正に評価して決定する。

第3章　年俸の支払

（支払）
第10条　年俸の支払は次による。
　　　　⑴　基本年俸の基本給　　12等分し、毎月25日に1等分ずつ支払う。

　　　　(2)　諸手当　　　　　　　毎月25日に所定の金額を支払う。
　　　　(3)　業績年俸　　　　　　２等分し、６月と12月に１等分ず
　　　　　　　　　　　　　　　　　つ支払う。支払日は、その都度定
　　　　　　　　　　　　　　　　　める。
（控除）
第11条　年俸の支払にあたり、次のものを控除する。
　　　　(1)　社会保険料
　　　　(2)　所得税、住民税
　　　　(3)　その他社員代表と協定したもの
（支払方法）
第12条　年俸は、社員が申し出た銀行口座へ振り込むことによって支
　　　　払う。

第４章　年俸の改定等

（改定）
第13条　年俸は、毎年４月１日付で改定する。
　　２　前項の規定にかかわらず、計算期間の途中で昇進、昇格した
　　　　者については、計算期間の途中で年俸を改定することがある。
（減額の制限）
第14条　年俸の改定において基本年俸が減額になる場合、減額幅は前
　　　　年度比20％を超えないものとする。
（中途採用者の取り扱い）
第15条　中途採用者については、次のように取り扱う。
　　　　(1)　基本年俸　担当する職務の内容および職務遂行能力等の
　　　　　　ほか、入社日から３月31日までの期間を考慮して決める
　　　　(2)　業績年俸　支払わない
（退職者の取り扱い）
第16条　年俸の計算期間の途中で退職する者に対しては、残余の年俸
　　　　は支払わない。

2　月の途中で退職する場合は、次に掲げる額を退職日に支払う。
　　　　支払額＝基本年俸の１日当たり金額×１日から退職日までの勤務日数
3　前項において、基本年俸の１日当たり金額は、次の算式で算出する。
　　　　基本年俸の１日当たり金額＝基本年俸／年間所定労働日数

（遅刻、欠勤等の控除）
第17条　遅刻、欠勤等の不就業時間については、原則として年俸を控除しない。

（休職中の取り扱い）
第18条　私傷病等によって１ヶ月以上休職するときは、その期間中、年俸は支払わない。

（付則）　この規程は、　　年　月　日から施行する。

(2)　年俸一本で構成する場合の規程

年俸規程
第1章　総則

（目的）
第１条　この規程は、社員の給与の取り扱いについて定める。

（対象者）
第２条　社員の給与は、１年を単位として定める。ただし、次に掲げる者は除く。
　　(1)　パートタイマー
　　(2)　嘱託社員
　　(3)　その他非正規社員

第2章　年俸の計算と決定基準

（計算期間）
第3条　年俸の計算期間は、次のとおりとする。
　　　　　計算期間＝4月1日～翌年3月31日

（年俸の決定基準）
第4条　年俸は、次の事項を総合的に評価して決定する。
　　⑴　担当する職務の内容
　　⑵　職務遂行能力
　　⑶　会社での役割
　　⑷　会社の期待度
　　⑸　前年度における仕事の実績
　　⑹　時間外労働の見込み時間数

（時間外労働の取り扱い）
第5条　管理監督者以外の社員については、毎月（1日～末日）20時間の時間外労働があるものとみなし、それに相当する時間外労働手当を年俸のなかに組み入れる。
　2　1ヶ月の時間外労働が20時間を超えたときは、その超えた時間に対して時間外労働手当を追加的に支払う。
　3　時間外労働手当の追加分は、翌月の25日に支払う。
　4　1ヶ月の時間外労働が20時間を下回ったときは、会社は、時間外労働手当分の返還を請求しない。

（家族手当）
第6条　扶養家族を有する者には、次の区分により家族手当を支給する（月額）。
　　⑴　配偶者　　　　　　　　　　　15,000円
　　⑵　第1子　　　　　　　　　　　 5,000円
　　⑶　第2子　　　　　　　　　　　 4,000円
　　⑷　第3子以下（1人につき）　　 3,000円

（通勤手当）
第7条　公共交通機関を利用して通勤する者に対しては、定期券代の実費を支給する。ただし、非課税限度額をもって支給限度とする。

第3章　年俸の支払

（支払）
第8条　年俸は、12等分し、毎月25日に1等分ずつ支払う。
（控除）
第9条　年俸の支払にあたり、次のものを控除する。
　　⑴　社会保険料
　　⑵　所得税、住民税
　　⑶　その他社員代表と協定したもの
（支払方法）
第10条　年俸は、社員が申し出た銀行口座へ振り込むことによって支払う。

第4章　年俸の改定等

（改定）
第11条　年俸は、毎年4月1日付で改定する。
　2　前項の規定にかかわらず、計算期間の途中で昇進、昇格した者については、計算期間の途中で年俸を改定することがある。
（減額の制限）
第12条　年俸の改定において年俸が減額になる場合、減額幅は前年度比20％を超えないものとする。
（中途採用者の取り扱い）
第13条　中途採用者については、担当する職務の内容および職務遂行能力等のほか、入社日から3月31日までの期間を考慮して年俸を決める。

(退職者の取り扱い)
第14条　年俸の計算期間の途中で退職する者に対しては、残余の年俸は支払わない。
　2　月の途中で退職する場合は、次に掲げる額を退職日に支払う。
　　　支払額＝年俸の1日当たり金額×1日から退職日までの勤務日数
　3　前項において、年俸の1日当たり金額は、次の算式で算出する。
　　　年俸の1日当たり金額＝年俸／年間所定労働日数

(遅刻、欠勤等の控除)
第15条　遅刻、欠勤等の不就業時間については、原則として年俸を控除しない。

(休職中の取り扱い)
第16条　私傷病等によって1ヶ月以上休職するときは、その期間中、年俸は支払わない。

(付則)　この規程は、　　年　月　日から施行する。

第3章 年俸規程

4 関連様式
(様式1) 業績年俸決定のための人事考課表 (一般社員用)

人事考課表 (一般社員)

所　属		部　　課		氏　名	

1　業務目標達成率

項　目	目標の具体的な内容	目標達成率
1		％
2		％
3		％
4		％
5		％

2　業務目標達成のためのプロセス評価
　　　(評語) S＝きわめて申し分なかった　A＝申し分なかった
　　　　　　 B＝普通　C＝やや不十分だった　D＝不十分だった

項　目	着　眼　点	評　価
1．協　調　性	・職場の和に十分配慮したか。 ・上司、同僚との人間関係に配慮して仕事を進めたか。	S A B C D 10 8 6 4 2
2．積　極　性	・仕事に積極的、意欲的に取り組んだか。 ・忙しいときは、進んで残業や休日出勤をしたか。	S A B C D 30 24 18 12 6
3．責　任　性	・指示された仕事を責任を持って遂行したか。 ・仕事の遂行において責任を果たしたか。	S A B C D 20 16 12 8 4
4．自　主　性	・自主的に行動したか。 ・安易に上司や同僚に助けを求めることはなかったか。	S A B C D 20 16 12 8 4
5．創　意　工　夫	・仕事の効率化に創意工夫を図ったか。 ・仕事の進め方がマンネリになっていないか。	S A B C D 10 8 6 4 2
6．報　告・連　絡	・仕事の進捗状況を的確に報告したか。 ・仕事の連絡において問題はなかったか。	S A B C D 10 8 6 4 2
合　計 (100点満点)		点

〜私情を交えず、公正に評価すること〜

評価月日	月　　日	評価者	印

（様式２）　業績年俸決定のための人事考課表（管理職用）

人事考課表（管理職）

役　職		氏　名	

1　業務目標達成率

項　目	目標の具体的な内容	目標達成率
1		％
2		％
3		％
4		％
5		％

2　業務目標達成のためのプロセス評価

（評語）　S＝きわめて申し分なかった　A＝申し分なかった
　　　　　B＝普通　C＝やや不十分だった　D＝不十分だった

項　目	着　眼　点	評　価
1．積　極　性	・部門目標の達成のために積極的に取り組んだか。 ・部下の先頭に立って仕事に取り組んだか。	S A B C D 30 24 18 12 6
2．責　任　性	・部門目標の達成に対する責任感、使命感が感じられたか。 ・管理職としての責任を意識して行動したか。	S A B C D 20 16 12 8 4
3．計　画　性	・部門目標の達成のために計画的に行動したか。 ・仕事の計画は整合的、合理的であったか。	S A B C D 10 8 6 4 2
4．チャレンジ性	・部門目標の設定においてチャレンジ精神があったか。 ・管理職として仕事の効率化、コストダウンにチャレンジしたか。	S A B C D 20 16 12 8 4
5．経　営　意　識	・他の部門とよく協力・協調して仕事を進めたか。 ・会社全体の利益、不利益をよく意識して行動したか。	S A B C D 10 8 6 4 2
6．報告・連絡	・上司や関連部門に対する報告・連絡において問題はなかったか。 ・報告・連絡の内容、タイミングは適切であったか。	S A B C D 10 8 6 4 2
合　計（100点満点）		点

〜私情を交えず、公正に評価すること〜

評価月日	月　　　日	評価者	印

第4節　全社員半期年俸規程

1　全社員半期年俸制の趣旨
　すべての社員について、半年を単位として給与を決定する仕組みを「全社員半期年俸制」という。半期年俸制も、1年を単位とする完全年俸制と同じように、
　　・社員一人ひとりについて業績評価を明確にできる
　　・実力主義、能力主義の賃金管理ができる
　　・すべての社員について経営への参加意識、参画意識を高められる
　　・すべての社員について、個別的賃金管理ができる
などの効果が期待できる。

2　規程に盛り込む内容
　①　半期年俸の構成
　　半期年俸の構成については、
　　　・「半年間○○○万円」という形で年俸一本で決める
　　　・月給に相当する「基本年俸」と賞与に相当する「業績年俸」とから構成する
　　の2つがある。
　②　基本年俸と業績年俸の決定基準
　　半期年俸を「基本年俸」と「業績年俸」とから構成するときは、それぞれの決定基準を明確にしておく。
　③　手当の支給基準
　　手当を支給するときは、その支給基準を明確にしておく。
　④　時間外勤務手当の取り扱い
　　労働基準法は、「労働者に1日8時間を超えて労働させたときには、時間外勤務手当（いわゆる残業代）を支払わなければならない」と定めている。管理監督者については、この規定が適用されないので

特に問題はないが、一般社員については適用される。このため、時間外勤務手当の取り扱いを決めておく必要がある。
⑤　計算期間
　半期年俸の計算期間を定める
⑥　支払
　半期年俸を「基本年俸」と「業績年俸」とから構成するときは、
　・基本年俸は、6等分して毎月1等分ずつ支払う
　・業績年俸は、6月または12月に支払う
という取り扱いをする。

3 全社員半期年俸規程のモデル

年俸規程
第1章　総則

（目的）
第1条　この規程は、社員の給与の取り扱いについて定める。
（対象者）
第2条　社員の給与は、半期を単位として定める。ただし、次に掲げる者は除く。
　　(1)　パートタイマー
　　(2)　嘱託社員
　　(3)　その他非正規社員

第2章　年俸の計算と決定基準

（計算期間）
第3条　半期年俸の計算期間は、次のとおりとする。
　　　　（上期）　　　　　　4月1日～9月30日
　　　　（下期）　　　　　　10月1日～翌年3月31日
（年俸の構成）
第4条　半期年俸は、基本年俸（基本給、諸手当）と業績年俸から構成する。
（基本年俸）
第5条　基本年俸のうち基本給は、次の事項を総合的に評価して決定する。
　　(1)　担当する職務の内容
　　(2)　職務遂行能力
　　(3)　会社での役割
　　(4)　会社の期待度

（時間外労働の取り扱い）

第6条　管理監督者以外の社員については、毎月（1日〜末日）20時間の時間外労働があるものとみなし、それに相当する時間外労働手当を基本年俸のなかに組み入れる。

　2　1ヶ月の時間外労働が20時間を超えたときは、その超えた時間に対して時間外労働手当を追加的に支払う。

　3　時間外労働手当の追加分は、翌月の25日に支払う。

　4　1ヶ月の時間外労働が20時間を下回ったときは、会社は、時間外労働手当分の返還を請求しない。

（家族手当）

第7条　扶養家族を有する者には、次の区分により家族手当を支給する（月額）。

　　　⑴　配偶者　　　　　　　　　15,000円
　　　⑵　第1子　　　　　　　　　 5,000円
　　　⑶　第2子　　　　　　　　　 4,000円
　　　⑷　第3子以下（1人につき）　3,000円

（通勤手当）

第8条　公共交通機関を利用して通勤する者に対しては、定期券代の実費を支給する。ただし、非課税限度額をもって支給限度とする。

（業績年俸）

第9条　業績年俸は、前期における業務目標の達成度および会社業績への貢献度を公正に評価して決定する。

第3章　年俸の支払

（支払）

第10条　年俸の支払は次による。

　　　⑴　基本年俸の基本給　　6等分し、毎月25日に1等分ずつ支払う。

　　　　(2)　諸手当　　　　　　　毎月25日に所定の金額を支払う。
　　　　(3)　業績年俸　　　　　　上期は６月、下期は12月に支払う。支払日は、その都度定める。

（控除）
第11条　半期年俸の支払にあたり、次のものを控除する。
　　　　(1)　社会保険料
　　　　(2)　所得税、住民税
　　　　(3)　その他社員代表と協定したもの

（支払方法）
第12条　年俸は、社員が申し出た銀行口座へ振り込むことによって支払う。

第４章　年俸の改定等

（改定）
第13条　半期年俸は、毎年４月１日および10月１日付で改定する。
　　２　前項の規定にかかわらず、計算期間の途中で昇進、昇格した者については、計算期間の途中で年俸を改定することがある。

（減額の制限）
第14条　年俸の改定において基本年俸が減額になる場合、減額幅は前期比20％を超えないものとする。

（中途採用者の取り扱い）
第15条　中途採用者については、次のように取り扱う。
　　　　(1)　基本年俸　　担当する職務の内容および職務遂行能力等のほか、入社日から計算期間の末日までの期間を考慮して決める
　　　　(2)　業績年俸　　支払わない

（退職者の取り扱い）
第16条　半期年俸の計算期間の途中で退職する者に対しては、残余の年俸は支払わない。

2　月の途中で退職する場合は、次に掲げる額を退職日に支払う。
　　　支払額＝基本年俸の1日当たり金額×1日から退職日までの勤務日数
3　前項において、基本年俸の1日当たり金額は、次の算式で算出する。
　　　基本年俸の1日当たり金額＝基本年俸／半期の所定労働日数

（遅刻、欠勤等の控除）
第17条　遅刻、欠勤等の不就業時間については、原則として年俸を控除しない。

（休職中の取り扱い）
第18条　私傷病等によって1ヶ月以上休職するときは、その期間中、年俸は支払わない。

（付則）　この規程は、　　年　月　日から施行する。

第3章 年俸規程

4　関連様式
（様式1）半期業績年俸決定のための人事考課表（一般社員用）

人事考課表（一般社員）

| 所属 | 部　課 | 氏名 | |

〜上記の社員について、過去6ヶ月間の勤務態度、勤務成績を公正に評価してください〜

（評語）S＝きわめて申し分なかった　A＝申し分なかった
　　　　B＝普通　C＝やや不十分だった　D＝不十分だった

項　目	着　眼　点	評　価
1．規律性	・会社の規則・規定をよく守ったか。 ・上司の指示命令によく従ったか。	S A B C D 5 4 3 2 1
2．協調性	・職場の和に十分配慮したか。 ・上司、同僚との人間関係に配慮して仕事を進めたか。	S A B C D 5 4 3 2 1
3．積極性	・仕事に積極的、意欲的に取り組んだか。 ・忙しいときは進んで残業や休日出勤をしたか。	S A B C D 10 8 6 4 2
4．責任性	・指示された仕事を責任を持って遂行したか。 ・仕事の遂行において責任を果たしたか。	S A B C D 10 8 6 4 2
5．自主性	・自主的に行動したか。 ・安易に上司や同僚に助けを求めることはなかったか。	S A B C D 5 4 3 2 1
6．創意工夫	・仕事の効率化に創意工夫を図ったか。 ・仕事の進め方がマンネリになっていないか。	S A B C D 10 8 6 4 2
7．報告・連絡	・仕事の進捗状態を的確に報告したか。 ・仕事の連絡において問題はなかったか。	S A B C D 5 4 3 2 1
8．仕事の成果	・仕事を的確に処理したか。 ・仕事を迅速に処理したか。 ・仕事の出来栄えは期待に応えるものであったか。	S A B C D 50 40 30 20 10
合　計（100点満点）		点

〜私情を交えず、公正に評価すること〜

| 評価月日 | 　月　　日 | 評価者 | 　　　印 |

（様式2） 半期業績年俸決定のための人事考課表（管理職用）

人事考課表（管理職）

役　職　[　　　　　]　　氏　名　[　　　　　]

〜上記役職者について、過去6ヶ月間の勤務態度、勤務成績を公正に評価してください〜

（評語）　S＝きわめて申し分なかった　A＝申し分なかった
　　　　　B＝普通　C＝やや不十分だった　D＝不十分だった

項　目	着　眼　点	評　価
1．積極性	・部門目標の達成のために積極的に取り組んだか。 ・部下の先頭に立って仕事に取り組んだか。	S A B C D 10 8 6 4 2
2．責任性	・部門目標の達成に対する責任感、使命感が感じられたか。 ・管理職としての責任を意識して行動したか。	S A B C D 5 4 3 2 1
3．計画性	・部門目標の達成のために計画的に行動したか。 ・仕事の計画は整合的、合理的であったか。	S A B C D 5 4 3 2 1
4．チャレンジ性	・部門目標の設定においてチャレンジ精神があったか。 ・管理職として仕事の効率化、コストダウンにチャレンジしたか。	S A B C D 5 4 3 2 1
5．経営意識	・他の部門とよく協力協調して仕事を進めたか。 ・会社全体の利益、不利益をよく意識して行動したか。	S A B C D 5 4 3 2 1
6．報告・連絡	・上司や関連部門に対する報告・連絡において問題はなかったか。 ・報告・連絡の内容、タイミングは適切であったか。	S A B C D 5 4 3 2 1
7．指導育成	・部下の指導育成に積極的、計画的に取り組んだか。 ・仕事のできる部下が着実に育っているか。	S A B C D 5 4 3 2 1
8．仕事の成果	・部門の業務目標の達成度はどうであったか。 ・管理職として会社の期待によく応えることができたか。 ・仕事の成果は十分といえるか。	S A B C D 60 48 36 24 12
合　計（100点満点）		点

〜私情を交えず、公正に評価すること〜

評価月日　[　　　]　月　[　　]日　　評価者　[　　　　　]　　印

第 4 章

退職金規程

第1節 「退職時基本給×支給率」方式の退職金規程

1 規程作成の義務

　労働基準法は、「退職金制度を実施している会社は、制度適用者の範囲、退職金の決定・計算・支払の方法、支払の時期を就業規則に記載しなければならない」と定めている。これは、退職金制度が重要な労働条件であるためである。このため、退職金制度を実施している会社は、労働基準法の定めにより、制度適用者の範囲、退職金の決定・計算・支払の方法、支払の時期を規程として取りまとめておくことが必要である。

　退職金の算定については、
・退職時の給与×勤続年数別支給率
・退職金算定基礎額×勤続年数別支給率
・勤続年数別定額方式
・点数×単価

など、実務的にさまざまな方式がある。

　厚生労働省の調査によれば、これらのうち、「退職時の基本給（または基本給の一部）×勤続年数別支給率」という方式を採用している会社が多い。

　給与は、担当している仕事の重要性、責任の重さ、遂行の困難さを示すものである。給与が高い社員ほど、重要な仕事、責任の重い仕事、

遂行が困難な仕事を担当し、会社への貢献度が高いといえる。したがって、給与を退職金算定の基礎とするのは、合理的、説得的である。

2　規程に盛り込む内容

① 　制度の適用者の範囲

退職金制度の適用者の範囲を定める。

② 　支給対象者

退職金は、「在職中の功労に対する褒賞金」という性格を持つものである。仕事を通じて会社に貢献するためには、一定期間以上勤続することが必要である。勤続が僅か1年や2年程度では、仕事のやり方を習得するのが精一杯で、会社に貢献することは難しい。このため、一定年数以上勤続した者に対して支給することにするのが妥当である。

③ 　算定式

退職金の算定式を具体的に明記する。算定式としては、

・基本給×支給率

・基本給の一定割合×支給率

などがある。

④ 　自己都合退職者の取り扱い

自己都合退職者について退職金の減額措置を講じるときは、その取り扱いを具体的に定める。

⑤ 　功労加算

在職中特に功労のあった者に対して功労金を支給するときは、その取り扱いを定めておく。一般的にいえば、退職金の30％程度の範囲内で功労金を支給するのが妥当である。

⑥ 　解雇者の取り扱い

懲戒解雇者に対しては、退職金を支給しないことを定めておくのがよい。

⑦ 　支払方法

退職金の支払については、
・一括して支払う
・分割して支払う
という2つの取り扱いがある。どの方法を採用するかを定める。
⑧　支払時期
退職金の支給時期を定める。
⑨　死亡のときの取り扱い
社員が死亡したときは、退職金は遺族に支払うこととし、その範囲と順位を定める。

3 退職金規程のモデル

退職金規程

（目的）
第1条　この規程は、就業規則に定める正規社員（以下、単に「社員」という）の退職金の取り扱いを定めるものである。

（支給要件）
第2条　会社は、勤続満3年以上の社員が円満退職するときに、退職金を支給する。

（算出方法）
第3条　退職金は、次の算定式によって算出する。
　　　　退職金＝退職時の基本給×支給率

（支給率）
第4条　支給率は、勤続年数を基準として定めるものとし、「別表」のとおりとする。

（1年未満の端数の取り扱い）
第5条　勤続年数の計算において1年未満の端数があるときは、月割計算を行う。1ヶ月未満の日数については、15日以上を1ヶ月とし、14日以下は切り捨てる。

（自己都合退職の減額）
第6条　自己都合で退職する者に対しては、第3条の算定式で算出される退職金から一定率を減額する。減額率は、次のとおりとする。

勤続5年未満	15%
勤続5年以上10年未満	10%
勤続10年以上15年未満	5%
勤続15年以上	0%

（功労加算）
第7条　在職中特に功労のあった社員に対しては、第3条の算定式で

　　　　算出される退職金の30％の範囲内で功労加算を行うことがある。

（解雇者の取り扱い）
第8条　懲戒処分によって解雇された者の退職金の取り扱いは、次のとおりとする。
　　(1)　懲戒解雇のとき　　支給しない
　　(2)　諭旨退職のとき　　情状により、第3条の算式で算出された額の50％以上を減額する

（支払方法）
第9条　退職金は、その全額を一時金として支払う。

（支払手段）
第10条　退職金は、本人が届け出た口座へ振り込むことによって支払う。

（支払時期）
第11条　退職金は、原則として、会社を退職した日から2週間以内に支払う。ただし、次のいずれかに該当するときは、この限りではない。
　　(1)　後任者との引き継ぎが十分でないとき
　　(2)　会社の貸与品を返還しないとき
　　(3)　会社の貸付金を返還しないとき
　　(4)　その他退職に当たり会社の指示命令に従わないとき

（死亡退職のときの取り扱い）
第12条　社員が死亡したときは、退職金は遺族に対して支払う。
　2　遺族の範囲および順位は、労働基準法施行規則第42条から第45条までの規定を適用する。
　3　支払いを受けるべき遺族に同順位者が2人以上いるときの取り扱いは、その都度定める。

（受給権の処分禁止）
第13条　社員は、この規程により退職金を受ける権利を譲渡し、また

第4章　退職金規程

　　　　は担保に供してはならない。
（付則）　この規程は、　　年　月　日から施行する。

（別表）　支給率表

勤続年数	支給率	勤続年数	支給率	勤続年数	支給率
3	2.0	17	19.5	31	34.5
4	2.5	18	21.0	32	35.0
5	3.0	19	22.5	33	35.5
6	4.0	20	23.5	34	36.0
7	5.0	21	25.0	35	36.5
8	6.0	22	26.0	36	37.0
9	7.5	23	27.0	37	37.5
10	9.0	24	28.0	38	38.0
11	10.5	25	29.0	39	38.5
12	12.0	26	30.0	40	39.0
13	13.5	27	31.0	41	39.5
14	15.0	28	32.0	42	40.0
15	16.5	29	33.0	43	40.0
16	18.0	30	34.0	44	40.0

第2節　別テーブル方式の退職金規程

1　別テーブル方式とは

　退職金の算定については、一般に退職時の基本給（または基本給の一部）が使用されているが、基本給を使用すると、定期昇給やベースアップによって基本給が引き上げられると、退職金も自動的に増加する。退職金の負担が重くなることは、会社にとって大きな問題である。
　こうした問題点を回避するために、特別に退職金算定の目的で計算表を作成している会社もある。退職金算定の目的で計算表を作成し、それによって退職金を計算する方式を「別テーブル方式」という。

2　規程に盛り込む内容

①　制度の適用者の範囲
　退職金制度の適用者の範囲を定める。
②　支給対象者
　退職金は、「在職中の功労に対する褒賞金」という性格を持つものである。このため、一定年数以上勤続した者に対して支給することにするのが妥当である。
③　算定式
　退職金は、「算定基礎額×勤続年数別支給率」という算定式によって算出することを明記する。
④　算定基礎額
　算定基礎額を定める。その決め方には、
　・勤続年数を基準とする
　・資格等級別、勤続年数別に定める
　・職種別、勤続年数別に定める
　・職掌別（一般職、総合職）、勤続年数別に定める
などがある。

⑤　支給率

支給率を定める。

⑥　自己都合退職者の取り扱い

自己都合退職者について退職金の減額措置を講じるときは、その取り扱いを具体的に定める。

3　退職金規程のモデル

退職金規程

（目的）
第1条　この規程は、就業規則に定める正規社員（以下、単に「社員」という）の退職金の取り扱いを定めるものである。

（支給要件）
第2条　会社は、勤続満3年以上の社員が円満退職するときに、退職金を支給する。

（算出方法）
第3条　退職金は、次の算定式によって算出する。
　　　　　退職金＝算定基礎額×支給率

（算定基礎額）
第4条　算定基礎額は、勤続年数を基準として定めるものとし、「別表1」のとおりとする。

（支給率）
第5条　支給率は、勤続年数を基準として定めるものとし、「別表2」のとおりとする。

（1年未満の端数の取り扱い）
第6条　勤続年数の計算において1年未満の端数があるときは、月割計算を行う。1ヶ月未満の日数については、15日以上を1ヶ月とし、14日以下は切り捨てる。

（自己都合退職の減額）
第7条　自己都合で退職する者に対しては、第3条の算定式で算出される退職金から一定率を減額する。減額率は、次のとおりとする。
　　　　　勤続5年未満　　　　　　　15％
　　　　　勤続5年以上10年未満　　　10％
　　　　　勤続10年以上15年未満　　　 5％

　　　　　　勤続15年以上　　　　　　　　　0％

（功労加算）

第８条　在職中特に功労のあった社員に対しては、第３条の算定式で算出される退職金の30％の範囲内で功労加算を行うことがある。

（解雇者の取り扱い）

第９条　懲戒処分によって解雇された者の退職金の取り扱いは、次のとおりとする。
　　⑴　懲戒解雇のとき　　支給しない
　　⑵　諭旨退職のとき　　情状により、第３条の算式で算出された額の50％以上を減額する

（支払方法）

第10条　退職金は、その全額を一時金として支払う。

（支払手段）

第11条　退職金は、本人が届け出た口座へ振り込むことによって支払う。

（支払時期）

第12条　退職金は、原則として、会社を退職した日から２週間以内に支払う。ただし、次のいずれかに該当するときは、この限りではない。
　　⑴　後任者との引き継ぎが十分でないとき
　　⑵　会社の貸与品を返還しないとき
　　⑶　会社の貸付金を返還しないとき
　　⑷　その他退職に当たり会社の指示命令に従わないとき

（死亡退職のときの取り扱い）

第13条　社員が死亡したときは、退職金は遺族に対して支払う。
　２　遺族の範囲および順位は、労働基準法施行規則第42条から第45条までの規定を適用する。
　３　支払いを受けるべき遺族に同順位者が２人以上いるときの取

り扱いは、その都度定める。
(受給権の処分禁止)
第14条　社員は、この規程により退職金を受ける権利を譲渡し、または担保に供してはならない。
(付則)　この規程は、　　年　月　日から施行する。

(別表１)　算定基礎額表

勤続年数	基礎額	勤続年数	基礎額	勤続年数	基礎額
3	140,000	16	205,000	29	270,000
4	145,000	17	210,000	30	275,000
5	150,000	18	215,000	31	280,000
6	155,000	19	220,000	32	285,000
7	160,000	20	225,000	33	290,000
8	165,000	21	230,000	34	295,000
9	170,000	22	235,000	35	300,000
10	175,000	23	240,000	36	305,000
11	180,000	24	245,000	37	310,000
12	185,000	25	250,000	38	315,000
13	190,000	26	255,000	39	320,000
14	195,000	27	260,000	40	325,000
15	200,000	28	265,000		

第4章　退職金規程

(別表2)　支給率表

勤続年数	支給率	勤続年数	支給率
3	2.0	18	19.5
4	2.5	19	20.5
5	3.0	20	21.5
6	4.0	21	22.5
7	5.0	22	23.5
8	6.0	23	24.5
9	7.5	24	25.5
10	9.0	25	26.5
11	10.5	26	27.0
12	12.0	27	27.5
13	13.5	28	28.0
14	15.0	29	28.5
15	16.5	30	29.0
16	17.5	31	29.5
17	18.5	32〜	30.0

第3節　定額方式の退職金規程

1　定額方式とは
　あらかじめ勤続年数などを基準として退職金の金額を定めておく方式を「定額方式」という。この方式は、
　・きわめて簡潔明瞭であり、分かり易い
　・定期昇給やベースアップの影響を回避できる
　・比較的簡単に設計できる
などの特徴がある。

2　規程に盛り込む内容
　① 　制度の適用者の範囲
　　退職金制度の適用者の範囲を定める。いわゆる「正社員」に限定するのが現実的である。
　② 　支給対象者
　　退職金は、「在職中の功労に対する褒賞金」という性格を持つものである。このため、一定年数以上勤続した者に対して支給することにするのが妥当である。
　③ 　退職金の金額
　　退職金の金額を具体的に明記する。金額の決め方には、
　　・勤続年数別に定める
　　・資格等級別、勤続年数別に定める
　　・職種別、勤続年数別に定める
　　・職掌別（一般職、総合職）、勤続年数別に定める
　などがある。
　④ 　自己都合退職者の取り扱い
　　自己都合退職者について退職金の減額措置を講じるときは、その取り扱いを具体的に定める。

3　退職金規程のモデル

退職金規程

（目的）
第1条　この規程は、就業規則に定める正規社員（以下、単に「社員」という）の退職金の取り扱いを定めるものである。

（支給要件）
第2条　会社は、勤続満3年以上の社員が円満退職するときに、退職金を支給する。

（退職金の金額）
第3条　退職金は、勤続年数を基準として定めるものとし、別表のとおりとする。

（1年未満の端数の取り扱い）
第4条　勤続年数の計算において1年未満の端数があるときは、月割計算を行う。1ヶ月未満の日数については、15日以上を1ヶ月とし、14日以下は切り捨てる。

（功労加算）
第5条　在職中特に功労のあった社員に対しては、第3条で算出される退職金の30％の範囲内で功労加算を行うことがある。

（解雇者の取り扱い）
第6条　懲戒処分によって解雇された者の退職金の取り扱いは、次のとおりとする。
　　　　(1)　懲戒解雇のとき　支給しない
　　　　(2)　諭旨退職のとき　情状により、第3条で算出される額の50％以上を減額する

（支払方法）
第7条　退職金は、その全額を一時金として支払う。

（支払手段）
第8条　退職金は、通貨によって直接本人に支払う。ただし、本人が

口座振込に同意したときは、本人名義の口座へ振り込むことによって支払う。

（支払時期）
第9条　退職金は、原則として、会社を退職した日から2週間以内に支払う。ただし、次のいずれかに該当するときは、この限りではない。
　⑴　後任者との引き継ぎが十分でないとき
　⑵　会社の貸与品を返還しないとき
　⑶　会社の貸付金を返還しないとき
　⑷　その他退職に当たり会社の指示命令に従わないとき

（死亡退職のときの取り扱い）
第10条　社員が死亡したときは、退職金は遺族に対して支払う。
　2　遺族の範囲および順位は、労働基準法施行規則第42条から第45条までの規定を適用する。
　3　支払いを受けるべき遺族に同順位者が2人以上いるときの取り扱いは、その都度定める。

（受給権の処分禁止）
第11条　社員は、この規程により退職金を受ける権利を譲渡し、または担保に供してはならない。

（付則）この規程は、　　年　月　日から施行する。

第4章　退職金規程

(別表)　退職金表

勤続年数	定年退職・会社都合退職	自己都合退職	勤続年数	定年退職・会社都合退職	自己都合退職	勤続年数	定年退職・会社都合退職	自己都合退職
3	250,000	212,500	21	4,100,000	3,895,000	39	12,200,000	11,590,000
4	350,000	297,500	22	4,500,000	4,275,000	40	12,700,000	12,065,000
5	450,000	382,500	23	4,900,000	4,655,000			
6	600,000	540,000	24	5,300,000	5,035,000			
7	750,000	675,000	25	5,700,000	5,415,000			
8	900,000	810,000	26	6,100,000	5,795,000			
9	1,050,000	945,000	27	6,500,000	6,175,000			
10	1,200,000	1,080,000	28	6,900,000	6,555,000			
11	1,400,000	1,330,000	29	7,300,000	6,935,000			
12	1,600,000	1,520,000	30	7,700,000	7,315,000			
13	1,800,000	1,710,000	31	8,200,000	7,790,000			
14	2,000,000	1,900,000	32	8,700,000	8,265,000			
15	2,200,000	2,090,000	33	9,200,000	8,740,000			
16	2,500,000	2,375,000	34	9,700,000	9,215,000			
17	2,800,000	2,660,000	35	10,200,000	9,690,000			
18	3,100,000	2,945,000	36	10,700,000	10,165,000			
19	3,400,000	3,230,000	37	11,200,000	10,640,000			
20	3,700,000	3,515,000	38	11,700,000	11,115,000			

第4節　資格等級ポイント方式の退職金規程

1　資格等級ポイント式退職金制度の趣旨と特徴

(1) 資格等級ポイント方式の退職金制度とは

資格等級ごとに在級1年ごとのポイントを決め、退職時におけるその総ポイントに単価を掛けて退職金を算出する方式を「資格等級ポイント式退職金制度」という。具体的には、

① 資格等級ごとに在級1年あたりのポイントを決める
② 退職社員について、入社してから退職するまでに、どの等級にそれぞれ何年在級していたかをもとにして総ポイントを求める
③ その総ポイントに単価を掛けることによって退職金を算出する

という方法をとる。

(2) 資格等級ポイント式退職金制度の事例

資格等級ポイント式退職金制度の事例を示すと、次のとおりである。

例えば、資格等級ごとのポイントを次のように決める。

　　　　社員1級　　 8点
　　　　社員2級　　12点
　　　　社員3級　　16点
　　　　社員4級　　20点
　　　　社員5級　　25点
　　　　社員6級　　30点
　　　　社員7級　　35点
　　　　社員8級　　42点
　　　　社員9級　　50点

いま、社員が勤続30年で退職し、その資格等級歴が次のとおりで

あるとする。

  社員1級　　3年
  社員2級　　3年
  社員3級　　4年
  社員4級　　2年
  社員5級　　3年
  社員6級　　4年
  社員7級　　4年
  社員8級　　6年
  社員9級　　1年

この社員の総ポイントは、次のように計算される。

  社員1級　　 8点×3年＝ 24点
  社員2級　　12点×3年＝ 36点
  社員3級　　16点×4年＝ 64点
  社員4級　　20点×2年＝ 40点
  社員5級　　25点×3年＝ 75点
  社員6級　　30点×4年＝120点
  社員7級　　35点×4年＝140点
  社員8級　　42点×6年＝252点
  社員9級　　50点×1年＝ 50点
  　計　　　　　　　　　801点

単価を「15,000円」とすると、退職金は次のように算定される。

 （退職金）　801点×15,000円＝12,015,000円

(3) 資格等級ポイント式退職金制度の特徴

　資格等級ポイント式退職金制度の場合、1年あたりのポイントは、上位の資格等級ほど多い。だから、上位の資格等級に昇格すればするほど、退職金も多くなる。この意味で、資格等級ポイント方式は、「能力主義の退職金制度」といえる。

　また、「基本給×支給率」という算式で退職金を算定する方式の

場合は、定期昇給やベースアップによって基本給が上昇すると、退職金も自動的、機械的に膨れ上がる。これに対し、ポイント方式の場合は、「総ポイント×単価」という算式であるので、定期昇給やベースアップによって基本給が上昇しても、それによって退職金の支給額が自動的、機械的に膨れ上がるということはない。この点も、ポイント方式のメリットといえる。

2 規程に盛り込む内容

① ポイントの構成

ポイントについては、
- 資格等級だけで構成する
- 資格等級ポイントと勤続年数ポイントとで構成する
- 資格等級ポイント、勤続年数ポイントおよび役職ポイントで構成する

などがある。

② ポイントの数値

ポイントを資格等級だけで構成するときは、資格等級ごとに在級１年あたりのポイントを決定する。

資格等級ごとのポイント格差があまり小さいと、どの資格等級に格付けされていても、退職金の額にあまり差が生じないので能力主義の観点からみて問題である。「上位の資格等級に格付けされている社員を優遇する」「上位の資格に昇格したいという意欲を掻き立てる」という、資格等級制度の趣旨から判断すると、一定の格差を付けるべきである。

ポイントを資格等級のほか勤続年数や役職で構成するときは、それぞれについてポイントの数値を決める。

③ ポイント単価の決定

ポイント単価を決定する。

第4章 退職金規程

3 資格等級ポイント式退職金規程のモデル規程

(1) ポイントを資格等級だけで決める場合

退職金規程

(目的)
第1条　この規程は、社員の退職金の取り扱いを定めるものである。
(支給要件)
第2条　会社は、勤続満3年以上の社員が円満退職するときに、退職金を支給する。
(算出方法)
第3条　退職金は、次の算定式によって算出する。
　　　　退職金＝資格等級総点数×単価
(資格等級総点数)
第4条　資格等級総点数は、資格等級ごとに定められた点数に、それぞれの資格等級への在級年数を乗じて得られる点数の総合計点数をいう。
　　　　資格等級総点数＝Σ（資格等級別点数×その資格等級への在級年数）
(資格等級別点数)
第5条　資格等級別の点数は、「別表」のとおりとする。
(1年未満の端数の取り扱い)
第6条　資格等級別の点数の計算において1年未満の端数があるときは、月割計算を行う。1ヶ月未満の日数については、15日以上を1ヶ月とし、14日以下は切り捨てる。
(単価)
第7条　単価は次のとおりとする。
　　　　単価＝12,000円

（自己都合退職の減額）
第8条　自己都合で退職する者に対しては、第3条の算定式で算出される退職金から一定率を減額する。減額率は、次のとおりとする。

　　　　勤続5年未満　　　　　　　　15％
　　　　勤続5年以上10年未満　　　　10％
　　　　勤続10年以上15年未満　　　　5％
　　　　勤続15年以上　　　　　　　　0％

（功労加算）
第9条　在職中特に功労のあった社員に対しては、第3条の算定式で算出される退職金の30％の範囲内で功労加算を行うことがある。

（解雇者の取り扱い）
第10条　懲戒処分によって解雇された者の退職金の取り扱いは、次のとおりとする。
　　(1)　懲戒解雇のとき　　支給しない
　　(2)　諭旨退職のとき　　情状により、第3条の算式で算出される額の50％以上を減額する

（支払方法）
第11条　退職金は、その全額を一時金として支払う。

（支払手段）
第12条　退職金は、本人が届け出た口座へ振り込むことによって支払う。

（支払時期）
第13条　退職金は、原則として、会社を退職した日から2週間以内に支払う。ただし、次のいずれかに該当するときは、この限りではない。
　　(1)　後任者との引き継ぎが十分ないとき
　　(2)　会社の貸与品を返還しないとき

(3)　会社の貸付金を返還しないとき
　　　(4)　その他退職に当たり会社の指示命令に従わないとき
（死亡退職のときの取り扱い）
第14条　社員が死亡したときは、退職金は遺族に対して支払う。
　　2　遺族の範囲および順位は、労働基準法施行規則第42条から第45条までの規定を適用する。
　　3　支払いを受けるべき遺族に同順位者が2人以上いるときの取り扱いは、その都度定める。
（受給権の処分禁止）
第15条　社員は、この規程により退職金を受ける権利を譲渡し、または担保に供してはならない。
（付則）　この規程は、　　　年　月　日から施行する。

（別表）　資格等級別点数表

資格等級	在級1年当たり点数
社員1級	8
社員2級	12
社員3級	16
社員4級	20
社員5級	25
社員6級	30
社員7級	35
社員8級	42
社員9級	50

(2) ポイントを勤続年数と資格等級で決める場合の規程

退職金規程

（目的）
第1条　この規程は、社員の退職金の取り扱いを定めるものである。
（支給要件）
第2条　会社は、勤続満3年以上の社員が円満退職するときに、退職金を支給する。
（算出方法）
第3条　退職金は、次の算定式によって算出する。
　　　　退職金＝（勤続年数総点数＋資格等級総点数）×単価
（勤続年数総点数）
第4条　勤続年数総点数は、勤続年数を基準として定められた点数の総合計点数をいう。
（勤続年数別点数）
第5条　勤続年数別点数は、「別表1」のとおりとする。
（資格等級総点数）
第6条　資格等級総点数は、資格等級ごとに定められた点数に、それぞれの資格等級への在級年数を乗じて得られる点数の総合計点数をいう。
　　　　資格等級総点数＝Σ（資格等級別点数×その資格等級への在級年数）
（資格等級別点数）
第7条　資格等級別の点数は、「別表2」のとおりとする。
（1年未満の端数の取り扱い）
第8条　点数の計算において1年未満の端数があるときは、月割計算を行う。1ヶ月未満の日数については、15日以上を1ヶ月とし、14日以下は切り捨てる。

第4章　退職金規程

（単価）
第9条　単価は次のとおりとする。
　　　　　単価＝10,000円

（自己都合退職の減額）
第10条　自己都合で退職する者に対しては、第3条の算定式で算出される退職金から一定率を減額する。減額率は、次のとおりとする。

　　　　　勤続5年未満　　　　　　　　15％
　　　　　勤続5年以上10年未満　　　　10％
　　　　　勤続10年以上15年未満　　　　5％
　　　　　勤続15年以上　　　　　　　　0％

（功労加算）
第11条　在職中特に功労のあった社員に対しては、第3条の算定式で算出される退職金の30％の範囲内で功労加算を行うことがある。

（解雇者の取り扱い）
第12条　懲戒処分によって解雇された者の退職金の取り扱いは、次のとおりとする。
　　(1)　懲戒解雇のとき　　支給しない
　　(2)　諭旨退職のとき　　情状により、第3条の算式で算出される額の50％以上を減額する

（支払方法）
第13条　退職金は、その全額を一時金として支払う。

（支払手段）
第14条　退職金は、本人が届け出た口座へ振り込むことによって支払う。

（支払時期）
第15条　退職金は、原則として、会社を退職した日から2週間以内に支払う。ただし、次のいずれかに該当するときは、この限り

ではない。
(1) 後任者との引き継ぎが十分でないとき
(2) 会社の貸与品を返還しないとき
(3) 会社の貸付金を返還しないとき
(4) その他退職に当たり会社の指示命令に従わないとき

（死亡退職のときの取り扱い）
第16条　社員が死亡したときは、退職金は遺族に対して支払う。
　　2　遺族の範囲および順位は、労働基準法施行規則第42条から第45条までの規定を適用する。
　　3　支払いを受けるべき遺族に同順位者が２人以上いるときの取り扱いは、その都度定める。

（受給権の処分禁止）
第17条　社員は、この規程により退職金を受ける権利を譲渡し、または担保に供してはならない。

（付則）　この規程は、　　年　月　日から施行する。

（別表１）　勤続年数別点数表

勤続年数	１年当たり点数
３～５年	6
６～10年	10
11～20年	15
21～25年	20
26～	15

(別表2)　資格等級別点数表

資格等級	在級1年当たり点数
社員1級	8
社員2級	12
社員3級	16
社員4級	20
社員5級	25
社員6級	30
社員7級	35
社員8級	42
社員9級	50

(3)　ポイントを資格等級、勤続年数および役職で構成する場合の規程

退職金規程

(目的)
第1条　この規程は、社員の退職金の取り扱いを定める。
(支給要件)
第2条　会社は、勤続満3年以上の社員が円満退職するときに、退職金を支給する。
(算出方法)
第3条　退職金は、次の算定式によって算出する。
　　　　退職金＝(勤続年数総点数＋資格等級総点数＋役職総点数)×単価
(勤続年数総点数)
第4条　勤続年数総点数は、勤続年数を基準として定められた点数の総合計点数をいう。
(勤続年数別点数)
第5条　勤続年数別点数は、「別表1」のとおりとする。

(資格等級総点数)
第6条　資格等級総点数は、資格等級ごとに定められた点数に、それぞれの資格等級への在級年数を乗じて得られる点数の総合計点数をいう。
　　　　資格等級総点数＝Σ（資格等級別点数×その資格等級への在級年数）

(資格等級別点数)
第7条　資格等級別点数は、「別表2」のとおりとする。

(役職総点数)
第8条　役職総点数は、役職ごとに定められた点数に、それぞれの役職への在任年数を乗じて得られる点数の総合計点数をいう。
　　　　役職総点数＝Σ（役職別点数×その役職への在任年数）

(役職別点数)
第9条　役職別点数は、「別表3」のとおりとする。

(1年未満の端数の取り扱い)
第10条　点数の計算において1年未満の端数があるときは、月割計算を行う。1ヶ月未満の日数については、15日以上を1ヶ月とし、14日以下は切り捨てる。

(単価)
第11条　単価は次のとおりとする。
　　　　単価＝10,000円

(自己都合退職の減額)
第12条　自己都合で退職する者に対しては、第3条の算定式で算出される退職金から一定率を減額する。減額率は、次のとおりとする。

勤続5年未満	15％
勤続5年以上10年未満	10％
勤続10年以上15年未満	5％
勤続15年以上	0％

第4章　退職金規程

（功労加算）
第13条　在職中特に功労のあった社員に対しては、第3条の算定式で算出される退職金の30％の範囲内で功労加算を行うことがある。

（解雇者の取り扱い）
第14条　懲戒処分によって解雇された者の退職金の取り扱いは、次のとおりとする。
　　⑴　懲戒解雇のとき　　支給しない
　　⑵　諭旨退職のとき　　情状により、第3条の算式で算出された額の50％以上を減額する

（支払方法）
第15条　退職金は、その全額を一時金として支払う。

（支払手段）
第16条　退職金は、本人が届け出た口座へ振り込むことによって支払う。

（支払時期）
第17条　退職金は、原則として、会社を退職した日から2週間以内に支払う。ただし、次のいずれかに該当するときは、この限りではない。
　　⑴　後任者との引き継ぎが十分でないとき
　　⑵　会社の貸与品を返還しないとき
　　⑶　会社の貸付金を返還しないとき
　　⑷　その他退職に当たり会社の指示命令に従わないとき

（死亡退職のときの取り扱い）
第18条　社員が死亡したときは、退職金は遺族に対して支払う。
　　2　遺族の範囲および順位は、労働基準法施行規則第42条から第45条までの規定を適用する。
　　3　支払いを受けるべき遺族に同順位者が2人以上いるときの取り扱いは、その都度定める。

(受給権の処分禁止)
第19条　社員は、この規程により退職金を受ける権利を譲渡し、または担保に供してはならない。
(付則)　この規程は、　　年　月　日から施行する。

(別表１)　勤続年数別点数表

勤続年数	１年当たり点数
３～５年	6
６～10年	10
11～20年	15
21～25年	20
26～	15

(別表２)　資格等級別点数表

資格等級	在級１年当たり点数
社員１級	8
社員２級	12
社員３級	16
社員４級	20
社員５級	25
社員６級	30
社員７級	35
社員８級	42
社員９級	50

(別表３)　役職別点数表

役職	在任１年当たり点数
係長	5
課長補佐	8
課長	10
部次長	15
部長	20

第5節　役割ポイント方式の退職金規程

1　役割ポイント式退職金制度の趣旨と特徴

(1)　役割ポイント方式の退職金制度とは

会社は、社員一人ひとりについて仕事上の役割を与えている（役割の区分については、第1章第9節「役割給規程」を参照）。

役割ごとに1年あたりにポイントを決め、退職時の総ポイントに単価を掛けて退職金を算出する方式を「役割ポイント式退職金制度」という。具体的には、

① 役割ごとに在籍1年あたりのポイントを決める
② 退職社員について、入社してから退職するまでに、どの役割をそれぞれ何年経験したかをもとにして総ポイントを求める
③ その総ポイントに単価を掛けることによって退職金を算出する

という方法をとる。

(2)　役割ポイント式退職金制度の事例

役割ポイント式退職金制度の事例を示すと、次のとおりである。
たとえば、役割ごとのポイントを次のように決める。

エントリー	5点
サポート	10点
コアスタッフ	20点
リーダー	30点
マネジャー	40点
ゼネラルマネジャー	50点

いま、ある社員が勤続30年で退職し、その役割歴が次のとおりであったとする。

エントリー	2年
コアスタッフ	12年

リーダー 6年
マネジャー 7年
ゼネラルマネジャー 3年

この社員の総ポイントは、次のように計算される。

エントリー　　　　　5点× 2年＝ 10点
コアスタッフ　　　　20点×12年＝240点
リーダー　　　　　　30点× 6年＝180点
マネジャー　　　　　40点× 7年＝280点
ゼネラルマネジャー　50点× 3年＝150点
　　計　　　　　　　　　　　　860点

単価を「18,000円」とすると、退職金は次のように計算される。

（退職金）　860点×18,000円＝15,480,000円

(3) 役割ポイント式退職金制度の特徴

　役割ポイント式退職金制度の場合、1年あたりのポイントは、一般社員より役職者のほうが多い。役職者でも、上位の役職者ほど多い。だから、上位の役職に昇進すればするほど、退職金が多くなる。この意味で、役割ポイント方式は、「成果主義の退職金制度」といえる。

　また、「基本給×支給率」という算式で退職金を算定する方式の場合は、定期昇給やベースアップによって基本給が上昇すると、退職金も自動的、機械的に膨れ上がる。これに対し、ポイント方式の場合は、「総ポイント×単価」という算式であるので、定期昇給やベースアップによって基本給が上昇してもそれによって退職金の支給額が自動的、機械的に膨れ上がることはない。この点も、ポイント方式のメリットといえる。

2　規程に盛り込む内容

① ポイントの構成

　ポイントの構成については、

・役割ポイントだけで構成する
・勤続年数と役割ポイントで構成する
の2つがある。
② ポイント数値
　役割ごとのポイントを決定する。
　役職への昇進は、能力のレベルや仕事上の実績によって行われる。能力のレベルが高くなればなるほど、また、仕事上の成績が良好であればあるほど、上位の役職に登用される。上位の役職に登用されればされるほど、それだけ責任の重い仕事、重要度の高い仕事を担当するようになる。
　このため、上位の役職に登用されればされるほど、会社への貢献度が大きくなる。したがって、役職が上がるにつれて在任1年あたりのポイントを高く設定するのが合理的である。
　また、ポイントを役割ポイントと勤続ポイントとで構成するときは、それぞれについて、ポイントの数値を決める。
③ ポイント単価
　ポイント単価を決定する。

3 役割別ポイント方式の退職金規程のモデル

(1) ポイントを役割ポイントだけで構成する場合の規程

退職金規程

(目的)
第1条　この規程は、社員の退職金の取り扱いを定めるものである。
(支給要件)
第2条　会社は、勤続満3年以上の社員が円満退職するときに、退職金を支給する。
(算出方法)
第3条　退職金は、次の算定式によって算出する。
　　　　退職金＝役割総点数×単価
(役割総点数)
第4条　役割総点数は、役割ごとに定められた点数に、それぞれの役割への在任年数を乗じて得られる点数の総合計点数をいう。
　　　　役割総点数＝Σ（役割別点数×その役割への在任年数）
(役割別点数)
第5条　役割別の点数は、「別表」のとおりとする。
(1年未満の端数の取り扱い)
第6条　役割別の点数の計算において1年未満の端数があるときは、月割計算を行う。1ヶ月未満の日数については、15日以上を1ヶ月とし、14日以下は切り捨てる。
(単価)
第7条　単価は次のとおりとする。
　　　　単価＝12,000円
(自己都合退職の減額)
第8条　自己都合で退職する者に対しては、第3条の算定式で算出される退職金から一定率を減額する。減額率は、次のとおりと

する。

  勤続5年未満　　　　　　　15％
  勤続5年以上10年未満　　　10％
  勤続10年以上15年未満　　　5％
  勤続15年以上　　　　　　　0％

（功労加算）
第9条　在職中特に功労のあった社員に対しては、第3条の算定式で算出される退職金の30％の範囲内で功労加算を行うことがある。

（解雇者の取り扱い）
第10条　懲戒処分によって解雇された者の退職金の取り扱いは、次のとおりとする。
 (1)　懲戒解雇のとき　　支給しない
 (2)　諭旨退職のとき　　情状により、第3条の算式で算出される額の50％以上を減額する

（支払方法）
第11条　退職金は、その全額を一時金として支払う。

（支払手段）
第12条　退職金は、本人が届け出た口座へ振り込むことによって支払う。

（支払時期）
第13条　退職金は、原則として、会社を退職した日から2週間以内に支払う。ただし、次のいずれかに該当するときは、この限りではない。
 (1)　後任者との引き継ぎが十分でないとき
 (2)　会社の貸与品を返還しないとき
 (3)　会社の貸付金を返還しないとき
 (4)　その他退職に当たり会社の指示命令に従わないとき

(死亡退職のときの取り扱い)
第14条　社員が死亡したときは、退職金は遺族に対して支払う。
　　　２　遺族の範囲および順位は、労働基準法施行規則第42条から第45条までの規定を適用する。
　　　３　支払いを受けるべき遺族に同順位者が２人以上いるときの取り扱いは、その都度定める。

(受給権の処分禁止)
第15条　社員は、この規程により退職金を受ける権利を譲渡し、または担保に供してはならない。

(付則)　この規程は、　　年　月　日から施行する。

(別表)　役割別点数表

役割	在任１年当たり点数
エントリー	5
サポート	10
コアスタッフ	20
リーダー	30
マネジャー	40
ゼネラルマネジャー	50
スペシャリスト	40

(2)　ポイントを勤続ポイントと役割ポイントで構成する場合の規程

退職金規程

(目的)
第１条　この規程は、社員の退職金の取り扱いを定めるものである。
(支給要件)
第２条　会社は、勤続満３年以上の社員が円満退職するときに、退職金を支給する。

第4章　退職金規程

（算出方法）

第3条　退職金は、次の算定式によって算出する。

　　　　退職金＝（勤続年数総点数＋役割総点数）×単価

（勤続年数総点数）

第4条　勤続年数総点数は、勤続年数を基準として定められた点数の総合計点数をいう。

（勤続年数別点数）

第5条　勤続年数別点数は、「別表1」のとおりとする。

（役割総点数）

第6条　役割総点数は、役割ごとに定められた点数に、それぞれの役割への在任年数を乗じて得られる点数の総合計点数をいう。

　　　　役割総点数＝Σ（役割別点数×その役割への在任年数）

（役割別点数）

第7条　役割別点数は、「別表2」のとおりとする。

（1年未満の端数の取り扱い）

第8条　点数の計算において1年未満の端数があるときは、月割計算を行う。1ヶ月未満の日数については、15日以上を1ヶ月とし、14日以下は切り捨てる。

（単価）

第9条　単価は次のとおりとする。

　　　　単価＝10,000円

（自己都合退職の減額）

第10条　自己都合で退職する者に対しては、第3条の算定式で算出される退職金から一定率を減額する。減額率は、次のとおりとする。

勤続5年未満	15%
勤続5年以上10年未満	10%
勤続10年以上15年未満	5%
勤続15年以上	0%

（功労加算）
第11条　在職中特に功労のあった社員に対しては、第3条の算定式で算出される退職金の30％の範囲内で功労加算を行うことがある。

（解雇者の取り扱い）
第12条　懲戒処分によって解雇された者の退職金の取り扱いは、次のとおりとする。
　　(1)　懲戒解雇のとき　　　支給しない
　　(2)　諭旨退職のとき　　　情状により、第3条の算定式で算出される額の50％以上を減額する

（支払方法）
第13条　退職金は、その全額を一時金として支払う。

（支払手段）
第14条　退職金は、本人が届け出た口座へ振り込むことによって支払う。

（支払時期）
第15条　退職金は、原則として、会社を退職した日から2週間以内に支払う。ただし、次のいずれかに該当するときは、この限りではない。
　　(1)　後任者との引き継ぎが十分でないとき
　　(2)　会社の貸与品を返還しないとき
　　(3)　会社の貸付金を返還しないとき
　　(4)　その他退職に当たり会社の指示命令に従わないとき

（死亡退職のときの取り扱い）
第16条　社員が死亡したときは、退職金は遺族に対して支払う。
　　2　遺族の範囲および順位は、労働基準法施行規則第42条から第45条までの規定を適用する。
　　3　支払いを受けるべき遺族に同順位者が2人以上いるときの取り扱いは、その都度定める。

第4章　退職金規程

（受給権の処分禁止）
第17条　社員は、この規程により退職金を受ける権利を譲渡し、または担保に供してはならない。
（付則）　この規程は、　　年　月　日から施行する。

（別表１）　勤続年数別点数表

勤続年数	１年当たり点数
３～５年	6
６～10年	10
11～20年	15
21～25年	20
26～	15

（別表２）　役割別点数表

役割	在任１年当たり点数
エントリー	5
サポート	10
コアスタッフ	20
リーダー	30
マネジャー	40
ゼネラルマネジャー	50
スペシャリスト	40

第6節　退職金前払い方式の退職金規程

1　退職金前払い制度の趣旨
　多くの会社が退職金制度を実施しているが、この退職金に対する考え方に、最近変化が見られる。それは、「退職するときにまとまった額の退職金を受け取るよりも、分割して前払いして欲しい」という考えが出ていることである。とりわけ、若い社員の間においてそのようなドライな考えが強い。退職金前払い制度は、社員の希望に応じて退職金を前払いするというものである。

2　規程に盛り込む内容
　①　後払いと前払いの選択
　　会社としては、
　　・退職するときに退職金を受け取る
　　・在職中に分割して退職金の前払いを受ける
　という2つのコースを用意し、そのいずれかを社員に自主的に選択させる。
　②　前払いの方法
　　前払いには、次のような方法がある。
　　・毎月の給与に上積みして支給する
　　・賞与に上積みする
　　・毎月の給与と賞与に上積みする
　　・一定期間ごとに前払いする（たとえば、勤続5年ごとに前払いする）
　③　前払いの対象とする退職金の範囲
　　前払いの対象とする退職金の範囲については、
　　・退職金の全額を前払いの対象とする
　　・退職金の一部を前払いの対象とする

という2つの取り扱いがある。実務的には、退職金の全額を前払いの対象とするのが便利である。

④　前払いの額

現在の退職金制度を踏まえて、前払いの金額を明記する。当然のことではあるが、前払いを選択しても、あるいは後払いを選択しても、金額は同一となるように設計するべきである。

⑤　前払いの申し出の時期

申し出の時期は、退職金を受け取る権利が発生する時期に合わせるのが合理的である。例えば、退職金を勤続3年以上の社員に支給しているときは、勤続3年の時点で前払いの申し出を行わせる。

3 退職金前払い規程のモデル

退職金前払い規程

（総則）
第1条　この規程は、退職金前払い制度の取り扱いについて定める。
（定義）
第2条　この規程において、「退職金前払い制度」とは、社員が希望すれば退職金を前払いする制度をいう。
（適用）
第3条　この制度は、退職金を支給される社員に適用する。
（申し出）
第4条　前払いを希望する者は、勤続満2年に到達したときに会社に申し出るものとする。
（前払いの対象となる退職金の範囲）
第5条　会社は、社員が受け取ることのできる退職金の全額を前払いする（社員は、退職金の一部だけの前払いを申し出ることはできない）。
（前払いの時期）
第6条　会社は、退職金の前払いを申し出た社員に対し、毎年、年末賞与の支給日に退職金相当分を支払う。
（前払いの額）
第7条　退職金の前払いの額は次のとおりとする。
　　　(1)　勤続5年未満―――基本給の1ヵ月分
　　　(2)　勤続5年以上15年未満―――基本給の1.2ヵ月分
　　　(3)　勤続15年以上―――基本給の1ヵ月分
　2　前払いを選択しても、後払いを選択しても、受け取る金額は同一とする。
（税金の取り扱い）
第8条　退職金の前払い分は、税務上給与所得として取り扱い、所得

　　　　　税を源泉徴収する。
（再変更の申し出の禁止）
第9条　退職金の前払いを申し出た社員は、退職時の一括払いへの再変更を申し出ることはできない。
（付則）　この規程は、　　年　月　日から施行し、同日現在で勤続満2年以下の者および同日以降採用する者に適用する。

第7節　業績評価方式の退職金規程

1　業績評価方式の退職金制度とは

　退職金の性格については、さまざまな見解があるが、「在職中の業績・功労に対する褒賞」という意見が有力である。すなわち、在職中、仕事を通して会社の発展向上に努めてくれたことに対する報酬として、退職時に一定の金銭を支給するというわけである。したがって、在職中の業績を反映する算定式を採用するのが合理的である。

　退職する社員について、在職中の業績を評価し、その評価の結果を退職金に反映する制度を「業績評価退職金制度」という。

2　規程に盛り込む内容

①　退職金の算定式

　業績評価型の退職金算定方式としては、実務的に、
　①基本給×支給率×業績評価係数
　②基本給×支給率＋業績評価分
　③勤続年数ポイント×単価×業績評価係数
　④勤続年数ポイント×単価＋業績評価分
などがある。どの方式を採用するかを明確にする。

②　業績評価係数

　退職金の算定において「業績評価係数」を使用するときは、その数値を具体的に明らかにする。

③　業績評価の方法

　退職者の業績評価をどのように行うのかを明らかにしておく。

3　業績評価退職金規程のモデル

業績評価退職金規程

（総則）
第1条　この規程は、退職金について定める。
（支給対象者）
第2条　会社は、勤続3年以上の社員が退職するときは、退職金を支給する。
（算出方法）
第3条　退職金は、次の算式によって算出する。
　　　　退職金＝基本給×勤続年数×業績評価係数
（勤続年数）
第4条　勤続年数は、入社した日から退職する日までの年数とする。ただし、次の期間は、勤続年数には含めない。
　(1)　休職年数
　(2)　育児休業または介護休業の期間
　2　勤続年数の計算において、勤続1年未満の期間は月割計算とする。1ヶ月未満の日数については、15日以上を1ヶ月、14日以下は切り捨てる。
（業績評価係数）
第5条　業績評価係数は、在職中の業績に応じて決定するものとし、「別表」のとおりとする。
（業績評価表）
第6条　業績評価係数を決定するための業績評価表は、次のとおりとする。
　(1)　一般社員　　様式1
　(2)　管理職　　　様式2
（解雇者の取り扱い）
第7条　懲戒処分によって解雇された者に対しては、退職金は支給し

ない。
(支払)
第8条　退職金は、その全額を退職日から2週間以内に支払う。
(付則)　この規程は、　　年　月　日から施行する。

(別表)　業績評価係数表

評価	基準	係数
S	会社業績にきわめて大きく貢献した	1.3
A	会社業績に大きく貢献した	1.1
B	会社業績に貢献した	1.0
C	会社業績にあまり貢献しなかった	0.9
D	会社業績に貢献しなかった	0.8

第4章　退職金規程

4　関連様式
（様式1）　退職金算定のための業績評価表（一般社員用）

業績評価表（一般社員用）

| 被考課者 | 所属 | | 氏名 | |

上記の者について、在職中の態度および成績を5段階評価により公正に評価してください

〔評価基準〕
S＝きわめて優れていた　A＝優れていた
B＝普通　　　　　　　　C＝やや不十分だった
D＝不十分だった

考課項目	着　眼　点	評　価
積 極 性	①仕事に積極的、意欲的に取り組んだか。 ②仕事の範囲の拡大や仕事の効率化に努めたか。	S A B C D
責 任 性	①命令された仕事を必ずやり終えたか。 ②行動や仕事の結果に責任感が感じられたか。	S A B C D
協 調 性	①上司、同僚、関係者と協調的に仕事をしたか。 ②職場の和と人間関係を重視したか。	S A B C D
仕事の質	①担当する仕事を迅速に処理したか。 ②能力や役割にふさわしい量の仕事を処理したか。	S A B C D
仕事の量	①担当する仕事を正確に処理したか。 ②仕事上のミスやトラブルはなかったか。	S A B C D

| 総合評価 | 以上のことを総合的に評価、勘案し、会社への貢献度はどうであったか。 | S A B C D |

所見	

| | 考課者氏名 | | 印 |

（様式２）　退職金算定のための業績評価表（管理職用）

業績評価表（管理職用）

| 被考課者 | 所属 | | 氏名 | |

上記の者について、在職中の態度および成績を５段階評価により公正に評価してください

〔評価基準〕
S＝きわめて優れていた　A＝優れていた
B＝普通　　　　　　　　C＝やや不十分だった
D＝不十分だった

考課項目	着　眼　点	評　価
積　極　性	①管理職として、部下の先頭に立って担当部門の業務目標達成に積極的に取り組んだか。 ②管理職の仕事に前向きに取り組んだか。	S A B C D
責　任　性	①管理職としての役割と責任をよく自覚していたか。 ②仕事への取り組みに責任感が感じられたか。	S A B C D
経営意識	①会社の経営方針、経営理念を正しく理解して仕事にあたったか。 ②他の部門との協力、協調に努めたか。	S A B C D
コスト意識	①管理職として、常にコスト意識をもって仕事に取り組んだか。 ②コストダウンに努めたか。	S A B C D
業務改善	①業務の革新、改善に意欲的であったか。 ②業務の革新、改善において一定の成果をあげたか。	S A B C D
部下の指導育成	①部下の指導育成に積極的、計画的に取り組んだか。 ②部下の指導育成で一定の成果をあげたか。	S A B C D
部門管理	①担当部門の人材、予算、機材などの経営資源を有効に活用したか。 ②部門のマネジメントを適切に行なったか。	S A B C D
業務達成度	①担当部門の業務目標達成状況はどうだったか。 ②能力を十分に発揮し、会社の期待に応える仕事をしたか。	S A B C D

| 総合評価 | 以上のことを総合的に評価、勘案し、会社への貢献度はどうであったか。 | S A B C D |

| 所見 | |

考課者氏名　　　　　　　　印

第8節　中小企業退職金共済制度の退職金規程

1　中小企業退職金共済制度の趣旨と内容

　中小企業の中には、独自で退職金制度を実施することが困難なところが少なくない。そのような中小企業に、国の援助で、大企業と同じように退職金制度を実施できるようにする制度が「中小企業退職金共済制度」である。

　これは、会社が勤労者退職金共済機構と退職金共済契約を結び、掛け金を毎月最寄りの金融機関を通じて納付すれば、社員が退職したときに、共済機構からその社員に退職金が支払われるという制度である。毎月の掛け金は、最低3千円から最高3万円の範囲内で16種類ある。会社は、これら16種類の中から、社員ごとにどれか1つを選択する。退職金の額は、掛け金の額と納付月数に応じて決まる。

2　規程に盛り込む内容

①　退職金制度の運用

　　退職金の支給は、会社が勤労者退職金共済機構との間で「退職金共済契約」を結ぶことによって行うことを明記する。

②　掛け金月額

　　掛け金の決め方には、

・全社員一律に決める

・給与別に決める

・勤続年数別に決める

・資格等級別に決める

などがある。

③　掛け金の負担

　　掛け金は全額会社が負担することを定める。

④　退職金の額

退職金の額は、掛け金の額と納付月数に応じて共済機構が定める額とすることを明確にしておく。

⑤　退職金の支払

　社員が退職したときは、共済機構が本人に退職金を支払うことを明記する。

⑥　懲戒解雇者の取り扱い

　懲戒解雇者については、共済機構に対し、退職金の減額を申し出ることがあることを明記する。

3　中小企業退職金共済制度規程のモデル

(1)　掛け金を全社員一律に決める場合の規程

退職金規程

（総則）
第1条　この規程は、社員の退職金の取り扱いについて定める。
（退職金制度の運用）
第2条　社員に対する退職金の支給は、会社が勤労者退職金共済機構（以下、「共済機構」という）との間で「退職金共済契約」を結ぶことによって行うものとする。
（掛け金月額）
第3条　退職金共済契約において契約する掛け金の月額は、次のとおりとする。
　　　　（掛け金）　1ヵ月当たり○○○○円
　2　会社は、社員が入社した月の翌月から掛け金を払い込む。
（掛け金の負担）
第4条　掛け金は全額会社が負担する。
（退職金の額）
第5条　退職金の額は、掛け金の額と納付月数に応じて共済機構が定めるところによる。
（退職金の支払）
第6条　社員が退職したときは、共済機構が本人に退職金を支払う。
（懲戒解雇者の取り扱い）
第7条　会社は、懲戒解雇者については、共済機構に対し、退職金の減額を申し出ることがある。
（死亡退職者の取り扱い）
第8条　社員が死亡したときは、その遺族に対して退職金を支給する。
（付則）　この規程は、　　年　月　日から施行する。

(2) 掛け金を給与に応じて決める場合の規程

退職金規程

（総則）
第1条　この規程は、社員の退職金の取り扱いについて定める。
（退職金制度の運用）
第2条　社員に対する退職金の支給は、会社が勤労者退職金共済機構（以下、「共済機構」という）との間で「退職金共済契約」を結ぶことによって行うものとする。
（掛け金月額）
第3条　退職金共済契約において契約する掛け金の月額は、基本給を基準として定めるものとし、次のとおりとする。
　　　　　基本給20万円未満　　　　　　　○○○○円
　　　　　基本給20万円以上30万円未満　　○○○○円
　　　　　基本給30万円以上　　　　　　　○○○○○円
　2　会社は、社員が入社した月の翌月から掛け金を払い込む。
　3　毎年4月に給与の改定にあわせて掛け金の調整を行う。
（掛け金の負担）
第4条　掛け金は全額会社が負担する。
（退職金の額）
第5条　退職金の額は、掛け金の額と納付月数に応じて共済機構が定めるところによる。
（退職金の支払）
第6条　社員が退職したときは、共済機構が本人に退職金を支払う。
（懲戒解雇者の取り扱い）
第7条　会社は、懲戒解雇者については、共済機構に対し、退職金の減額を申し出ることがある。
（死亡退職者の取り扱い）
第8条　社員が死亡したときは、その遺族に対して退職金を支給する。

(付則) この規程は、　　年　月　日から施行する。

(3) 掛け金を勤続年数に応じて決める場合の規程

退職金規程

(総則)
第1条　この規程は、社員の退職金の取り扱いについて定める。
(退職金制度の運用)
第2条　社員に対する退職金の支給は、会社が勤労者退職金共済機構（以下、「共済機構」という）との間で「退職金共済契約」を結ぶことによって行うものとする。
(掛け金月額)
第3条　退職金共済契約において契約する掛け金の月額は、勤続年数を基準として定めるものとし、次のとおりとする。
　　　　勤続5年未満　　　　　　　○○○○円
　　　　勤続5年以上10年未満　　　○○○○○円
　　　　勤続10年以上　　　　　　○○○○○円
　2　会社は、社員が入社した月の翌月から掛け金を払い込む。
(掛け金の負担)
第4条　掛け金は全額会社が負担する。
(退職金の額)
第5条　退職金の額は、掛け金の額と納付月数に応じて共済機構が定めるところによる。
(退職金の支払)
第6条　社員が退職したときは、共済機構が本人に退職金を支払う。
(懲戒解雇者の取り扱い)
第7条　会社は、懲戒解雇者については、共済機構に対し、退職金の減額を申し出ることがある。

（死亡退職者の取り扱い）
第8条　社員が死亡したときは、その遺族に対して退職金を支給する。
（付則）　この規程は、　　年　月　日から施行する。

第9節　中小企業退職金共済制度併用方式の退職金規程

1　中小企業退職金共済制度併用方式とは

　会社が独自に退職金の支給額を決定し、その支給原資を安定的に確保するために中小企業退職金共済機構と契約を結ぶことを「併用方式」という。

2　規程に盛り込む内容

　① 　支給対象者

　　退職金は、「在職中の功労に対する褒賞金」という性格を持つものである。このため、一定年数以上勤続した者に対して支給することにするのが妥当である。

　② 　算定式

　　退職金の算定式を具体的に明記する。

　③ 　自己都合退職者の取り扱い

　　自己都合退職者について退職金の減額措置を講じるときは、その取り扱いを具体的に定める。

　④ 　支払時期

　　退職金の支給時期を定める。

　⑤ 　勤労者退職金共済機構への加入

　　退職金の支払原資を確保するために退職金共済機構に加入することを明確にしておく。

　⑥ 　掛け金の額

　　掛け金の額を決める。

3　中小企業退職金共済制度併用規程のモデル

退職金規程

（目的）
第1条　この規程は、就業規則に定める正規社員（以下、単に「社員」という）の退職金の取り扱いを定めるものである。

（支給要件）
第2条　会社は、勤続満3年以上の社員が円満退職するときに、退職金を支給する。

（算出方法）
第3条　退職金は、次の算定式によって算出する。
　　　　退職金＝退職時の基本給×支給率

（支給率）
第4条　支給率は、勤続年数を基準として定めるものとし、「別表」のとおりとする。

（1年未満の端数の取り扱い）
第5条　勤続年数の計算において1年未満の端数があるときは、月割計算を行う。1ヶ月未満の日数については、15日以上を1ヶ月とし、14日以下は切り捨てる。

（自己都合退職の減額）
第6条　自己都合で退職する者に対しては、第3条の算定式で算出される退職金から一定率を減額する。減額率は、次のとおりとする。

勤続5年未満	15%
勤続5年以上10年未満	10%
勤続10年以上15年未満	5%
勤続15年以上	0%

（功労加算）
第7条　在職中特に功労のあった社員に対しては、第3条の算定式で

第4章　退職金規程

　　　　　算出される退職金の30％の範囲内で功労加算を行うことがある。

（解雇者の取り扱い）
第8条　懲戒処分によって解雇された者の退職金の取り扱いは、次のとおりとする。
　　⑴　懲戒解雇のとき　　　支給しない
　　⑵　諭旨退職のとき　　　情状により、第3条の算定式で算出される額の50％以上を減額する

（支払方法）
第9条　退職金は、その全額を一時金として支払う。

（支払手段）
第10条　退職金は、本人が届け出た口座へ振り込むことによって支払う。

（支払時期）
第11条　退職金は、原則として、会社を退職した日から2週間以内に支払う。ただし、次のいずれかに該当するときは、この限りではない。
　　⑴　後任者との引き継ぎが十分でないとき
　　⑵　会社の貸与品を返還しないとき
　　⑶　会社の貸付金を返還しないとき
　　⑷　その他退職に当たり会社の指示命令に従わないとき

（死亡退職のときの取り扱い）
第12条　社員が死亡したときは、退職金は遺族に対して支払う。
　　2　遺族の範囲および順位は、労働基準法施行規則第42条から第45条までの規定を適用する。
　　3　支払いを受けるべき遺族に同順位者が2人以上いるときの取り扱いは、その都度定める。

（受給権の処分禁止）
第13条　社員は、この規程により退職金を受ける権利を譲渡し、また

は担保に供してはならない。

（勤労者退職金共済機構との契約）
第14条　会社は、この規程に基づく退職金の原資を確保するために、勤労者退職金共済機構（以下、単に「共済機構」という）が実施する中小企業退職金共済制度に加入する。

（掛け金の額）
第15条　共済機構に払い込む掛け金の額は、社員の基本給に応じ、次のとおりとする。

　　　　　基本給20万円未満　　　　　　　○○○○円
　　　　　基本給20万円以上30万円未満　　○○○○○円
　　　　　基本給30万円以上　　　　　　　○○○○○円

（掛け金の負担）
第16条　共済機構に払い込む掛け金は、会社が全額負担する。

（差額の支払）
第17条　共済機構から支払われる退職金の額がこの規程に定める額を下回るときは、会社がその差額を支払う。
　　２　共済機構から支払われる退職金の額がこの規程に定める額を上回るときは、共済機構から支払われる額を退職金とする。

（付則）　この規程は、　　年　月　日から施行する。

第4章　退職金規程

(別表)　支給率表

勤続年数	支給率	勤続年数	支給率	勤続年数	支給率
3	2.0	17	19.5	31	34.5
4	2.5	18	21.0	32	35.0
5	3.0	19	22.5	33	35.5
6	4.0	20	23.5	34	36.0
7	5.0	21	25.0	35	36.5
8	6.0	22	26.0	36	37.0
9	7.5	23	27.0	37	37.5
10	9.0	24	28.0	38	38.0
11	10.5	25	29.0	39	38.5
12	12.0	26	30.0	40	39.0
13	13.5	27	31.0	41	39.5
14	15.0	28	32.0	42	40.0
15	16.5	29	33.0	43	40.0
16	18.0	30	34.0	44	40.0

第 5 章
非正社員の給与規程

第1節　パートタイマーの給与規程

1　パートタイマー給与規程作成の意義

「人件費を節減したい」「忙しい時間帯の労働力として活用したい」「比較的簡単な仕事の労働力として活用したい」などの目的で、パートタイマーを雇用している会社が多い。パートタイマーは、多くの会社で重要な戦力となっている。

パートタイマーと正社員とでは、給与の取り扱いが異なる。

正社員の場合は、一般に月給制で、基本給のほかにさまざまな手当が支給されている。これに対し、パートタイマーは、時間給制である。通勤手当以外の手当はほとんど支給されていない。

このため、パートタイマーを常時雇用している会社は、専用の給与規程を作成し、その給与管理を行っていくことが望ましい。

2　規程に盛り込む内容

① 給与の形態

給与の形態は、時間給であることを明確にしておく。

② 時間給の決定基準

時間給は、全員一律に決定するよりも、次の事項を総合的に評価して個人別に決定するほうが合理的、現実的である。

・職務の内容

・職務遂行能力
・勤務態度
・経験年数、勤続年数
・勤務時間帯
③　通勤手当
　公共交通機関を利用して通勤する者に対しては、定期券代の実費を支給する。遠方から通勤するパートタイマーはいないと思われるが、念のため、「非課税限度額をもって支給限度とする」ことを明確にしておく。
④　時間外勤務手当
　1日8時間を超えて勤務したときは、勤務した時間数に応じて、時間外勤務手当を支給する。時間外勤務手当の計算式を定める。
⑤　休日勤務手当
　休日に勤務したときは、勤務した時間数に応じて、休日勤務手当を支給する。休日勤務手当の計算式を定める。
⑥　欠勤、遅刻等の取り扱い
　欠勤、遅刻、早退または私用外出によって就業しない時間があったときは、就業しなかった時間を1ヵ月通算し、その時間に相応する給与を控除する。
⑦　計算期間・支払日
　給与の計算期間と支払日を定める。
⑧　支払方法
　給与は、通貨によって支払う。ただし、本人が同意したときは、口座振込によって支払う。
⑨　控除
　給与の支払いに際し、所得税、住民税および社会保険料を控除することを定める。
⑩　時間給の改定
　時間給の改定を行うときは、その時期、対象者および改定基準を

定める。
⑪　賞与（金一封）
　パートタイマーに対して賞与（金一封）を支給するときは、その時期、支給対象者および支給基準を定める。

3 パートタイマー給与規程のモデル

パートタイマー給与規程

（総則）

第1条　この規程は、パートタイマーの給与の取り扱いを定める。

（給与の形態）

第2条　給与の形態は、時間給制とし、実労働時間に対して支給する。

（時間給の決定基準）

第3条　時間給は、次の事項を総合的に評価して個人別に決定する。

　　(1)　職務の内容
　　(2)　職務遂行能力
　　(3)　経験年数、勤続年数
　　(4)　勤務時間帯

（通勤手当）

第4条　公共交通機関を利用して通勤する者に対しては、定期券代の実費を支給する。ただし、非課税限度額をもって支給限度とする。

（時間外勤務手当）

第5条　1日8時間を超えて勤務したときは、勤務した時間数に応じて、時間外勤務手当を支給する。時間外勤務手当の計算は、次の算式による。ただし、1ヶ月60時間を超える時間外勤務については、乗率は「1.5」とする。

　　　　時間外勤務手当（1時間当たり）＝時間給×1.25

（休日勤務手当）

第6条　休日に勤務したときは、勤務した時間数に応じて、休日勤務手当を支給する。休日勤務手当の計算は、次の算式による。

　　　　休日勤務手当（1時間あたり）＝時間給×1.35

（遅刻等の取り扱い）

第7条　遅刻、早退または私用外出によって就業しない時間があった

ときは、就業しなかった時間を1ヵ月通算し、その時間に相応する給与を控除する。

（欠勤の取り扱い）
第8条　欠勤した日については、給与は支給しない。

（計算期間・支払日）
第9条　給与の計算期間は、前月21日から当月20日までの1ヵ月とし、毎月25日に支払う。当日が休日に当たるときは、その前日に支払う。

（支払方法）
第10条　給与は、通貨によって支払う。ただし、本人が同意したときは、口座振込によって支払う。

（控除）
第11条　給与の支払いに際し、次のものを控除する。
　　　　(1)　所得税、住民税
　　　　(2)　社会保険料

（時間給の改定）
第12条　毎年4月1日に時間給の改定を行う。改訂の対象者は、勤続6ヵ月以上の者とする。

（改定の基準）
第13条　時間給の改定は、次の事項を評価して行う。
　　　　(1)　仕事の成績（仕事の正確さ、迅速さ等）
　　　　(2)　職務遂行能力の向上の程度
　　　　(3)　勤務成績（遅刻、欠勤の回数等）
　　　　(4)　勤務態度

（賞与の支給）
第14条　6月および12月の年2回、次の条件に該当する者に賞与を支給する。ただし、会社の業績が良好でないときは、支給しないことがある。
　　　　(1)　支給日当日在籍していること

　　　　　(2)　賞与計算期間の所定労働日数の3分の2以上勤務していること

（支給額）
第15条　賞与の支給額は、次の事項を評価して決定する。
　　　　　(1)　仕事の成績（仕事の正確さ、迅速さ等）
　　　　　(2)　勤務成績
　　　　　(3)　勤務態度
（付則）　この規程は、　　年　月　日から施行する。

4 関連様式

(様式)　　　　　　パートタイマー人事考課表

パートタイマー人事考課表

| 所属 | | 氏名 | | 入社年月 | | 年　月 |

(評価基準)		
	5	きわめてすぐれていた（きわめてすぐれている）
	4	すぐれていた（すぐれている）
	3	普通だった（普通である）
	2	やや劣っていた（やや劣っている）
	1	劣った（劣っている）

考課要素		着　眼　点	評　価
成績考課	仕事の質	仕事は正確か。ミスやトラブルはないか。	5 4 3 2 1
	仕事の量	仕事のスピードは速いか。与えた量の業務を処理しているか。	5 4 3 2 1
仕事への態度	積極性	与えた業務に積極的、意欲的に取り組んでいるか。仕事の処理に工夫・改善が見られるか。	5 4 3 2 1
	責任性	指示命令した業務を責任をもって処理しているか。常日頃から責任感が感じられるか。	5 4 3 2 1
	協調性	同僚と仲良く仕事をしているか。独りよがりや独善的な行動は見られないか。	5 4 3 2 1
	規律性	上司の指示命令をよく守っているか。会社の規則、規定に忠実に従っているか。	5 4 3 2 1
	出勤状況	遅刻、早退はないか。無断で休んだり、長く休んだりすることはないか。	5 4 3 2 1
知識・能力	知識・技術	業務遂行に必要な知識、技術をよく拾得しているか。	5 4 3 2 1
	理解力	指示命令や伝達事項、連絡内容を正しく理解することができるか。	5 4 3 2 1
	表現力	自分の言いたいこと、主張したいことを正しく表現することができるか。自分の意見を相手に的確に伝達できるか。	5 4 3 2 1
		合計点（50点満点）	点

所見		考課者印

第2節　パートタイマーの退職金規程

1　退職金制度の趣旨
　パートタイマーは、一般的に定着率が良くないといわれる。定着性に問題があると、当然のことながら戦力の向上が期待できない。会社としては、パートタイマーの定着化に工夫を図ることが必要である。その1つの工夫が退職金の支給である。一定年数以上勤務したことを条件として退職金を支給することにより、定着率の向上を図る。

2　規程に盛り込む内容
　①　退職金の支給条件
　　退職金の支給条件を定める。支給条件は、勤続年数、1週の勤務日数、1日の勤務時間数などから決めるのが適切である。
　②　退職金の算定式
　　退職金の算定式を具体的に定める。
　③　支給日
　　退職金の支給日を定める。

3　パートタイマー退職金規程のモデル

パートタイマー退職金規程

（総則）
第1条　この規程は、パートタイマーの退職金について定める。
（退職金の支給）
第2条　会社は、次のいずれにも該当するパートタイマーが勤続2年以上で退職するときは、退職金を支給する。
　⑴　1日の勤務時間が5時間以上
　⑵　1週の勤務日数が4日以上
（算定式）
第3条　退職金の算定式は、次のとおりとする。
　　　退職金＝退職時の1ヶ月間の給与×勤務年数
（勤務年数の取り扱い）
第4条　勤務年数は、採用日から退職日までの期間とする。1年未満は月割とし、1ヵ月未満は、15日以上は1ヵ月、14日以下は切り捨てる。
（支払日）
第5条　退職金は、退職日から1週間以内に支払う。
（支払方法）
第6条　退職金は、本人が届け出た口座に振り込むことによって支払う。
（解雇の場合）
第7条　懲戒解雇による退職の場合は、退職金は支払わない。
（付則）　この規程は、　年　月　日から施行する。

第3節　契約社員の給与規程

1　給与規程作成の意義

あらかじめ1年とか2年というように期間を限って雇用される社員を「契約社員」という。正社員の場合には、雇用期間を定めないで雇用するため、雇用調整が難しい。仕事の量が減ったからといって、簡単に社員を解雇することはできない。これに対し、契約社員の場合は、期間を限って雇用するわけであるから比較的簡単に雇用調整ができる。仕事が忙しいときは多くの契約社員を雇用し、少なくなったときは契約社員を減らせば、安定した経営ができる。

契約社員の雇用は、このほか、会社にとって、「人件費の合理化を図れる」「一時的な人手不足に対応できる」「専門的な知識や技術、技能を活用できる」などのメリットがある。

契約社員と正社員とでは、給与の取り扱いが異なるケースが多い。このため、契約社員を雇用するときは、専用の給与規程を作成することが望ましい。

2　規程に盛り込む内容

① 給与の形態

契約社員は、一般的に見て、正社員と同じか、あるいはきわめて近い仕事を担当することが多い。このため、給与の形態は、

・補助的、定型的な業務を担当する者は、時間給制または日給制
・通常の業務を担当する者は、日給制または月給制
・専門的な業務を担当する者は、月給制または年俸制

とするのがよい。

② 給与の決定基準

給与は、次の事項を総合的に評価して個人別に決定する。

・職務経験年数

・職務の内容
・職務遂行能力
・会社の期待度
③ 通勤手当
通勤手当の支給基準を定める。
④ 計算期間・支払日
給与の計算期間および支払日を定める。
⑤ 控除
給与からの控除を定める。
⑥ 時間外勤務手当
所定勤務時間外に勤務したときは、勤務した時間数に応じて、時間外勤務手当を支給することを定める。
⑦ 休日勤務手当
休日に勤務したときは、勤務した時間数に応じて、休日勤務手当を支給することを定める。
⑧ 給与の改定
給与の改定時期と改定基準を定める。
⑨ 賞与
賞与の支給時期、支給対象者および支給基準を定める。

第5章 非正社員の給与規程

3 契約社員給与規程のモデル

(1) 日給制の場合の給与規程

契約社員給与規程

（総則）
第1条 この規程は、契約社員の給与の取り扱いを定める。
（給与の形態）
第2条 給与の形態は、日給制とする。
（給与の決定基準）
第3条 給与は、次の事項を総合的に評価して決定する。
　　　⑴　職務の内容
　　　⑵　勤務時間帯
　　　⑶　勤務時間数
（通勤手当）
第4条 次の区分により通勤手当を支給する。
　　　⑴　公共交通機関を利用して通勤する者———定期券代の実費。ただし、非課税限度額をもって支給限度とする
　　　⑵　自動車、バイク、二輪車または自転車で通勤する者———公共交通機関の定期券代相当額
（計算期間・支払日）
第5条 給与の計算期間は、前月21日から当月20日までの1ヵ月とし、毎月25日に支払う。当日が休日に当たるときは、その前日に支払う。
（控除）
第6条 給与の支払いに際し、次のものを控除する。
　　　⑴　所得税、住民税
　　　⑵　社会保険料

(時間外勤務手当)
第7条　1日8時間を超えて勤務したときは、勤務した時間数に応じて、次の算式で算出した時間外勤務手当を支給する。ただし、1ヶ月60時間を超える時間外勤務については、乗率は「1.5」とする。

　　　時間外勤務手当（1時間あたり）
　　　　　　　　　　　　　＝（日給/契約勤務時間）×1.25

(休日勤務手当)
第8条　休日に勤務したときは、勤務した時間数に応じて、次の算式で算出した休日勤務手当を支給する。

　　　休日勤務手当（1時間あたり）
　　　　　　　　　　　　　＝（日給/契約勤務時間）×1.35

(遅刻等の取り扱い)
第9条　遅刻、早退または私用外出によって就業しない時間があったときは、就業しなかった時間を1ヵ月通算し、その時間に相応する給与を控除する。

(欠勤の取り扱い)
第10条　欠勤した日については、給与は支給しない。

(給与の改定)
第11条　雇用契約を更改するときに、次の事項を評価して給与の改定を行う。
　(1)　職務遂行能力
　(2)　業務成績
　(3)　勤務態度

(賞与の支給)
第12条　6月および12月の年2回、次の条件に該当する者に賞与を支給する。
　(1)　支給日当日在籍していること
　(2)　賞与計算期間における所定労働日数の3分の2以上勤務

していること

（支給額）

第13条　賞与の支給額は、各人の勤務態度および業務成績を評価して決定する。

（付則）　この規程は、　　年　月　日から施行する。

(2) 月給制の場合の給与規程

契約社員給与規程

（総則）

第1条　この規程は、契約社員の給与の取り扱いを定める。

（給与の形態）

第2条　給与の形態は、月給制とする。

（給与の決定基準）

第3条　給与は、次の事項を総合的に評価して決定する。

(1) 職務の内容

(2) 職務遂行能力

(3) 経験年数

（通勤手当）

第4条　次の区分により通勤手当を支給する。

(1) 公共交通機関を利用して通勤する者―――定期券代の実費。ただし、非課税限度額をもって支給限度とする

(2) 自動車、バイク、二輪車または自転車で通勤する者―――公共交通機関の定期券代相当額

（計算期間・支払日）

第5条　給与の計算期間は、前月21日から当月20日までの1ヵ月とし、毎月25日に支払う。当日が休日に当たるときは、その前日に支払う。

(控除)
第6条　給与の支払いに際し、次のものを控除する。
　　⑴　所得税、住民税
　　⑵　社会保険料

(時間外勤務手当)
第7条　1日8時間を超えて勤務したときは、勤務した時間数に応じて、次の算式で算出した時間外勤務手当を支給する。ただし、1ヶ月60時間を超える時間外勤務については、乗率は「1.5」とする。
　　　時間外勤務手当（1時間あたり）
　　　　　　　　＝（月給／1ヵ月契約勤務時間数）×1.25

(休日勤務手当)
第8条　休日に勤務したときは、勤務した時間数に応じて、次の算式で算出した休日勤務手当を支給する。
　　　休日勤務手当（1時間あたり）
　　　　　　　　＝（月給／1ヵ月契約勤務時間数）×1.35

(遅刻等の取り扱い)
第9条　遅刻、早退または私用外出によって就業しない時間があったときは、就業しなかった時間を1ヵ月通算し、その時間に相応する給与を控除する。

(欠勤の取り扱い)
第10条　欠勤した日については、給与は支給しない。

(給与の改定)
第11条　雇用契約を更改するときに、次の事項を評価して給与の改定を行う。
　　⑴　職務遂行能力
　　⑵　業務成績
　　⑶　勤務態度

（賞与の支給）
第12条　6月および12月の年2回、次の条件に該当する者に賞与を支給する。
　　⑴　支給日当日在籍していること
　　⑵　賞与計算期間の所定労働日数の3分の2以上勤務していること
（支給額）
第13条　賞与の支給額は、各人の勤務態度および業務成績を評価して決定する。
（付則）　この規程は、　　年　月　日から施行する。

4　関連様式

（様式）　　　　　　　契約社員人事考課表

人事考課表　　　　　　　　　　契約社員

| 所属 | | 氏名 | |

評価基準	S	A	B	C	D
	きわめて優れていた（いる）	優れていた（いる）	普通	やや劣った（やや劣る）	劣った（劣る）

考課項目		着眼点	評価
態度考課	協調性	①上司、同僚と協力協調して仕事をしたか。 ②職場の和を重視して行動したか。 ③他の社員が忙しいときは進んで手伝ったか。	S A B C D 10 8 6 4 2
	規律性	①会社の規則・規定をよく守ったか。 ②会社の指示、上司の命令によく従ったか。	S A B C D 10 8 6 4 2
	積極性	①仕事に積極的に取り組んだか。 ②忙しいときには、進んで残業をしたり、休日出勤をしたか。	S A B C D 20 16 12 8 4
	責任性	①与えられた仕事を責任を持って最後までやり終えたか。 ②自分の責任と役割をよく意識して仕事に取り組んだか。	S A B C D 20 16 12 8 4
成績考課	仕事の正確さ	①仕事を正確に処理したか。 ②仕事上のミスや間違いはなかったか。	S A B C D 10 8 6 4 2
	仕事の迅速さ	①仕事を迅速に処理したか。 ②期限内に仕事をきちんとやり終えたか。	S A B C D 10 8 6 4 2
	仕事の量	①経験年数や給与にふさわしい量の仕事をしたか。 ②仕事をたくさんして会社の業績に貢献したか。	S A B C D 20 16 12 8 4
合　計（100点満点）			点

| 考課月日 | 月　日 | 考課者 | |

第4節　嘱託社員の給与規程

1　給与規程作成の意義

　会社のなかには、定年退職者を「嘱託」という身分で再雇用しているところがある。嘱託制度は、「定年退職者の能力と経験を有効に活用できる」「中高年社員の勤労意欲の向上を図れる」「高齢化に対応できる」などの効果がある。

　嘱託社員は高齢であるため、その給与の取り扱いは、正社員とは相当異なるのが一般的である。このため、嘱託制度を実施している会社の場合は、嘱託社員給与規程を作成することが望ましい。

2　規程に盛り込む内容

　①　給与の形態
　　給与の形態を定める。
　②　給与の決定基準
　　嘱託社員の給与は、次の事項を総合的に評価して決定するのが現実的である。
　　・職務の内容
　　・在職老齢年金（60歳以降、給与所得がある場合に支給される老齢年金）
　　・高年齢雇用継続基本給付金（60歳時点に比較して給与が15％以上減額した労働者に、雇用保険から支払われる給付金）
　③　通勤手当
　　公共交通機関を利用して通勤する者には、定期券代の実費を支給する。
　④　計算期間・支払日
　　給与の計算期間と支払日を具体的に定める。
　⑤　控除

給与の支払いに際し、社会保険料と税金を控除する。
⑥　賞与
　賞与の取り扱いを定める。

3 嘱託社員給与規程のモデル

嘱託社員給与規程

（総則）
第1条　この規程は、嘱託社員の給与の取り扱いを定める。
（給与の形態）
第2条　嘱託社員の給与は月額をもって定める。
（給与の決定基準）
第3条　給与は、次の事項を総合的に評価して決定する。
　　⑴　職務の内容
　　⑵　在職老齢年金
　　⑶　高年齢雇用継続基本給付金
（通勤手当）
第4条　公共交通機関を利用して通勤する者には、定期券代の実費を支給する。
（計算期間・支払日）
第5条　給与の計算期間は、前月21日から当月20日までの1ヵ月とし、毎月25日に支払う。当日が休日に当たるときは、その前日に支払う。
（控除）
第6条　給与の支払いに際し、次のものを控除する。
　　⑴　所得税、住民税
　　⑵　社会保険料
（時間外勤務手当）
第7条　所定勤務時間外に勤務したときは、勤務した時間数に応じて、時間外勤務手当を支給する。
（休日勤務手当）
第8条　休日に勤務したときは、勤務した時間数に応じて、休日勤務手当を支給する。

（欠勤、遅刻等の取り扱い）
第9条　欠勤、遅刻、早退または私用外出によって就業しない時間があったときは、就業しなかった時間を1ヵ月通算し、その時間に相応する給与を控除する。

（給与の改定）
第10条　雇用契約を更改するときに、給与の改定を行うことがある。

（賞与の支給）
第11条　6月および12月の年2回、次の条件に該当する者に賞与を支給する。
⑴　支給日当日在籍していること
⑵　賞与計算期間における所定労働日数の3分の2以上勤務していること

（支給額）
第12条　賞与の支給額は、各人の勤務態度および業務成績を評価して決定する。

（付則）　この規程は、　　年　月　日から施行する。

第 6 章

褒賞金規程

第1節　業務改善褒賞金規程

1　業務改善褒賞金の趣旨

　会社は、常に業務の改善・合理化に努めることが必要である。業務の改善・合理化に努めることなく、十年一日のように仕事を続けていると、知らず知らずのうちに生産性の低下、コストの増加、品質の低下、さらには消費者サービスの低下などを招く。その結果、対外的な競争力が衰え、業績が悪くなる。

　業務の改善・合理化は、基本的には会社の責任で行うべきである。しかし、会社の力と知恵だけでは、おのずから限界がある。それよりは、社員が業務の改善・合理化に関心を持ち、それに努めるように誘導していくほうが賢明である。そのための現実的な1つの工夫が「業務改善褒賞金制度」である。

　これは、業務を著しく改善した社員に褒賞金を支給するというものである。地位の上下や職種のいかんにかかわりなく、社員一人ひとりが業務の改善と生産性の向上に創意工夫を図ることにより、会社全体として業務の改善と生産性の向上が図られる。

2　規程に盛り込む内容

①　褒賞の対象事案の範囲

　はじめに、褒賞の対象とする事案の範囲を明確にする。例えば、

次の分野において顕著な成果を挙げた事案とする。
　・業務の効率化、生産性の向上
　・商品の品質の向上
　・不良商品、欠陥商品の発生率の低下
　・消費者に対するサービスの向上
　・商品・サービスの付加価値の向上
　・労働災害の防止、安全性の向上
　・その他
② 褒賞事案の審査体制
　褒賞する事案の審査は、審査委員会を設けて行う。審査委員会は、幹部社員で構成するのがよい。
③ 審査の時期
　審査の時期については、
　・毎年一定の時期に定期的に行う
　・随時行う
の２つがある。制度を定着させ、業務改善への社員の関心を高めるという観点からすると、毎年定期的に実施するのが望ましい。
④ 褒賞金の決定基準
　優れた事案を実施した者に対して褒賞金を支給する。褒賞金の金額は、次に掲げる事項を総合的に評価して決定する。
　・事案の内容
　・経営に対する貢献度
　・独創性

3 業務改善褒賞金規程のモデル

業務改善褒賞金規程

（総則）
第1条　この規程は、業務改善褒賞金（以下、単に「褒賞金」という）の取扱いについて定める。

（褒賞金の支給）
第2条　会社は、担当する業務の改善において著しい成果を上げ、会社の業績に貢献した者に対して褒賞金を支給する。

（対象者の範囲）
第3条　この制度は、全ての社員に適用する。

（対象事案）
第4条　褒賞の対象とする事案は、次の分野において顕著な成果を挙げた事案とする。
　　(1)　業務の効率化、生産性の向上
　　(2)　商品の品質の向上
　　(3)　不良商品、欠陥商品の発生率の低下
　　(4)　消費者に対するサービスの向上
　　(5)　商品・サービスの付加価値の向上
　　(6)　労働災害の防止、安全性の向上
　　(7)　その他前各号に準ずること

（褒賞年度）
第5条　褒賞年度は、4月から翌年3月までの1年とする。

（褒賞事案の審査）
第6条　褒賞する事案の審査は、「褒賞委員会」（以下、単に「委員会」という）で行う。

（委員会の構成）
第7条　委員会は、次の者をもって構成する。
　　　営業部長／生産部長／業務部長／経理部長／総務部長／シ

　　　　　ステム部長
　　2　委員会の事務は、総務部で執り行う。
（審査の時期）
第8条　審査は、毎年4月に行う。
（情報の収集）
第9条　審査の対象とする事案についての情報は、職制を通じて収集するが、本人自ら委員会に審査を申し出ることもできる。
　　2　社員は、自ら審査を申し出るときは、次の事項を記載した書面を委員会に提出するものとする（様式は問わない）。
　　　⑴　改善の具体的な内容
　　　⑵　改善の時期
　　　⑶　改善の効果
　　　⑷　その他必要事項
（褒賞金の支給）
第10条　会社は、優れた事案を実施した者に対して褒賞金を支給する。
　　2　褒賞金の金額は、次に掲げる事項を総合的に評価して決定する。
　　　⑴　事案の内容
　　　⑵　経営に対する貢献度
　　　⑶　独創性
　　3　グループが優れた事案を実施したときは、そのグループに対して褒賞金を支給する。この場合、褒賞金の個人別配分は、グループの話合いに委ねる。
（審査結果の発表）
第11条　委員会は、毎年度審査を終えたときは、社員に次の事項を発表する。
　　　⑴　褒賞する事案の名称と内容
　　　⑵　その事案を実施した社員の所属および氏名
　　　⑶　その改善の効果

(4) その他必要事項
(付則) この規程は、　年　月　日から施行する。

第2節　営業褒賞金規程

1　営業褒賞金の趣旨

会社にとって営業活動はきわめて重要である。

いくら「技術的・性能的に優れた商品を生産している」といっても、あるいは、「当社の製品は、生活の向上に必ず役立つ」と自負していても、商品が売れなければ、会社は存立していくことができない。

売上増進のためには、取引先・消費者に魅力的な商品の開発、コストの削減、合理的な価格設定および積極的な広告宣伝などの販売戦略と並んで、営業社員の活性化が必要不可欠である。その1つの方策が「営業褒賞金制度」である。

これは、営業社員各人の営業成績に応じて、給与や賞与とは別に、一定の褒賞金を支給するというものである。

2　規程に盛り込む内容

① 褒賞金の算定期間

褒賞金の算定期間としては、1ヶ月、2ヶ月、3ヶ月（四半期ごと）、6ヶ月（半期ごと）および1年などがある。

算定期間は、
- アプローチを開始してから成約に至るまでの一般的期間
- 成約から納品を経て代金回収に至るまでの一般的期間
- 1人1ヶ月当たりの平均的な売上高および売上件数

などを踏まえて定める。

② 褒賞金の算定式

褒賞金の算定には、
- 全社員・全商品一律に決める
- 営業の経験年数別に決める
- 資格等級別に決める

・商品別に決める

などがある。

③　褒賞金算定から除外する条件

会社としては、秩序ある営業活動を行うことが必要である。

同じ商品であるにもかかわらず、営業社員によって販売価格、支払方法（現金、小切手、手形）、支払時期（月末締切り翌月末日払い、納入3ヶ月後の末日払い等）が異なるというのは、好ましくない。

販売条件の決定を営業社員個人の裁量に委ねると、不正が生じる可能性がある。

このため、会社が定める販売条件に違反して販売された商品については、褒賞金の対象とはしないことを明確にしておく。

④　減額の条件

営業活動は、一定の規律を守って行われなければならない。営業社員は、会社の定めたルールを守り、会社の利益を優先させて、営業活動を遂行する義務がある。社員が会社の定めた規則やルールに違反したときは、褒賞金を減額することとし、その条件を明確にしておく。

3　営業褒賞金規程のモデル

営業褒賞金規程

（総則）
第1条　この規程は、営業褒賞金（以下、単に「褒賞金」という）の取扱いについて定める。

（適用対象者）
第2条　この規程は、すべての営業社員に適用する。ただし、営業部門の役職者は除くものとする。

（褒賞金の支給）
第3条　褒賞金は、営業社員の営業成績に応じて支給する。
　　2　褒賞金は、給与および賞与とは別に支給する。

（褒賞金の算定期間）
第4条　褒賞金の算定期間は、毎月1日～末日の1ヶ月とする。

（褒賞金の算定式）
第5条　褒賞金の算定式は、次のとおりとする。
　　　　　褒賞金＝各人の売上×0.5％

（売上の確定時点）
第6条　売上は、代金を回収し会社に入金した時点で確定する。口座振込みによるものについては、代金が会社の口座に振り込まれた日とする。

（二人以上が関与した場合の配分）
第7条　売上について、二人以上の社員が関与したときは、当事者が話し合って売上の個人配分を決定する。話合いがつかないときは、所属長が当事者の意見を聞いて裁定するものとする。

（支給日）
第8条　褒賞金は、算定期間の翌月の給与支給日に支給する。
　　2　給与支給日に在籍していない者については、支給しない。

（支払方法）
第9条　褒賞金は、本人が届け出た口座に振り込むことにより支払う。
（褒賞金算定対象からの除外）
第10条　会社が定める販売条件に違反して販売されたものについては、褒賞金の計算の対象とはしない。
（褒賞金の減額）
第11条　社員が次のいずれかに該当するときは、褒賞金を減額することがある。
　　　(1)　会社に対する営業状況の報告または連絡が悪かったとき
　　　(2)　営業活動中に知り得た重要な情報を会社に報告しなかったとき
　　　(3)　セールスキャンペーン、販促イベントに協力的でなかったとき
　　　(4)　会社の指定した重要商品、戦略商品の販売に協力的でなかったとき
　　　(5)　営業会議への出席状況が悪かったとき
　　　(6)　職場の秩序、規律を乱す行為のあったとき
　　　(7)　その他前各号に準ずる行為のあったとき
（改廃の手続き）
第12条　この規程の改廃は、営業担当役員が発議し、役員会の決定により行う。
（付則）　この規程は、　　年　　月　　日から施行する。

第3節　販売褒賞金規程

1　販売褒賞金の趣旨

　流通業・サービス業の中には、全国的、あるいは地域的に、複数の店舗・支店・営業所を構えているところがある。

　会社の立場からすると、すべての店舗・支店・営業所が良い業績を上げることが理想である。現業部門が売上や利益の面で好成績を上げることにより、会社全体の業績が向上する。

　しかし、他社との競争が激しいこともあり、現実的には、そうはいかない。業績の良い店舗・支店・営業所もあれば、残念ながら業績が振るわなかったところも出る。

　会社は、店舗・支店・営業所の活性化に工夫を払うことが望ましい。その1つの工夫が「販売褒賞金の支給」である。これは、売上や利益の高かった店舗・支店・営業所に勤務する社員に対して、その褒賞として、給与・賞与とは別に一定の金銭を支給するというものである。

2　規程に盛り込む内容

①　褒賞金の算定基準

　販売褒賞金の算定基準としては、
- 店舗等の営業成績を基準とする
- 店舗等の所属社員1人当たりの営業成績を基準とする
- 前期または前年同期との伸び率を基準とする
- 目標達成率を基準とする

などがある（表参照）。

表　算定基準の決め方

絶対値方式	店舗の規模や立地条件等にかかわりなく、1ヶ月の売上高が◯◯◯万円以上の店舗の社員に褒賞金を支給する。
在籍社員1人当たり方式	在籍社員1人・1ヶ月当たりの売上高が◯◯◯万円以上の店舗の社員に支給する。
前期または前年同期との伸び率方式	1ヶ月の売上高が前年同期比◯％増以上の店舗の社員に支給する。
目標達成率方式	1ヶ月の売上高目標を100％以上達成した店舗の社員に支給する。

② 褒賞金の算定期間
　褒賞金の算定期間としては、1ヶ月、3ヶ月（四半期）、6ヶ月および1年などがある。
③ 褒賞金の決め方
　褒賞金の決め方には、
　・全員に同額を支給する
　・役職別に決める
　・資格等級別に決める
　・勤続年数別に決める
などがある。
　どのような業績指標を選択するにしても、その目標を100％達成することは容易ではない。店長以下の役職者が部下を適切に指揮命令し、かつ、地域の実情に応じた営業戦略を講じなければ目標を達成することはできない。
　このように考えると、褒賞金は、役職別に決めるのが合理的・現実的であろう。

3 販売褒賞金規程のモデル

販売褒賞金規程

（総則）
第1条　この規程は、販売褒賞金（以下、単に「褒賞金」という）の取扱いについて定める。

（褒賞金の支給）
第2条　会社は、四半期ごとに、各店舗ごとに販売目標を設定し、その目標を達成した店舗の社員に褒賞金を支給する。
　　2　四半期の区分は、次のとおりとする。
　　　　第1四半期（4～6月）
　　　　第2四半期（7～9月）
　　　　第3四半期（10～12月）
　　　　第4四半期（1～3月）

（目標の設定基準）
第3条　各店舗の販売目標は、次の事項を総合的に勘案し、金額ベースで設定する。
　　(1)　一般的な経済動向
　　(2)　店舗の立地条件
　　(3)　店舗の社員数
　　(4)　前年同期の販売実績
　　(5)　その他必要事項
　　2　各期の店舗別販売目標を決定したときは、各店舗の長に通知する。

（各店舗の義務）
第4条　各店舗は、販売目標を達成するために積極的・計画的に販売活動をしなければならない。

（褒賞金の額）
第5条　褒賞金の額は、販売目標の達成率に応じて役職別に定めるも

のとし、別表のとおりとする。
（支給対象者）
第6条　褒賞金の支給対象者は、次のいずれにも該当する者とする。
　　(1)　支給日当日在籍していること
　　(2)　目標設定期間の勤務日数が所定勤務日数の4分の3以上であること
　　(3)　勤務態度が良好であること
（支給日）
第7条　褒賞金は、各四半期が経過した翌月の給与支給日に支給する。
（支給方法）
第8条　褒賞金は、口座振込みによって支給する。
（不正行為の禁止）
第9条　店舗は、褒賞金の支給を受けることを目的とし、架空の売上を計上するなどの不正を行ってはならない。
　　2　不正行為をした店舗に対しては、褒賞金は支給しない。
（付則）この規程は、　　年　　月　　日から施行する。

（別表）　褒賞金

販売目標達成率	社員	役職者（店長を除く）	店長
100～110％未満	○千円	○千円	○千円
110～120％未満	○千円	○千円	○千円
120％以上	○千円	○千円	○千円

第4節　発明褒賞金規程

1　発明褒賞金の趣旨
　会社は、他社に対する優位性を確保しなければ、安定的・継続的に成長発展していくことができない。
　優位性を確保するためには、優れた人材の育成、経営基盤の確立、強力な販売ネットワークの形成、ブランドの確立など、さまざまな方法があるが、「独創的・革新的な発明を行い、それに対して特許権を設定すること」も、その1つである。
　発明褒賞金制度は、社員が自分の職務に属する発明を行ない、それによって会社が利益を得たときに利益の一部を本人に還元するというものである。

〈発明の対価についての特許法の規定〉
> ・従業者等は、契約、勤務規則その他の定めにより、職務発明について使用者等に特許を受ける権利若しくは特許権を承継させ、若しくは使用者等のため専用実施権を設定したときは、相当の対価の支払を受ける権利を有する（第35条第3項）
> ・対価の額は、その発明により使用者等が受けるべき利益の額、その発明に関連して使用者等が行う負担、貢献及び従業者等の処遇その他の事情を考慮して定めなければならない（同第5項）

2　規程に盛り込む内容
①　褒賞金の決定基準
　褒賞金の額は、特許法の規定を踏まえ、次の2つの事項を勘案して個別に決定する。
　　・特許の実施によって得られる会社の経済的利益（売上、利益）
　　・発明について会社が負担、貢献した程度および当該社員の処遇

② 褒賞金の決定手続き

褒賞金の額は、合理的に算定することが必要である。このため、研究部長、経理部長、営業部長、人事部長および総務部長等の関係部長が協議して算定し、社長の承認を得て最終決定するのが適切である。

③ 発明社員への説明

褒賞金の額をめぐって、発明社員との間でトラブルが生じることがある。裁判にまで発展することもある。トラブルの発生は、会社のイメージに好ましくない影響を与える。

トラブルの発生を防ぐため、褒賞金の額を決定したときは、発明社員に対して金額決定の理由を説明し、理解を得る。

④ 権利の承継

発明した社員に褒賞金を支払うことにより、その発明にかかわる権利を会社が社員から承継することを明確にしておく。

3 発明褒賞金規程のモデル

発明褒賞金規程

（総則）
第1条　この規程は、発明褒賞金（以下、単に「褒賞金」という）の取扱いについて定める。

（褒賞金の支給）
第2条　会社は、社員が会社の業務の範囲において自分の過去または現在の職務に属する発明を行って特許を取得し、会社がその特許を実施するときに、その社員に褒賞金を支給する。

（褒賞金の決定基準）
第3条　褒賞金の額は、次の事項をもとに個別に決定する。
　　(1)　特許の実施によって得られる会社の利益
　　(2)　発明について会社が負担、貢献した程度および当該社員の処遇
　2　具体的には、次の事項を考慮して決定する。
　　(1)　発明商品の売上高
　　(2)　発明商品の売上に要したコスト
　　(3)　発明商品の売上利益
　　(4)　発明にかかわる研究設備の購入、設置および維持の費用
　　(5)　発明にかかわる研究活動に要したコスト
　　(6)　発明社員に支払った給与・賞与
　　(7)　発明社員に支払った給与・賞与以外の費用（留学費用等）
　　(8)　研究補助社員の人件費
　　(9)　その他発明に関連して会社が支出した費用

（褒賞金の決定手続き）
第4条　褒賞金の額は、研究部長、経理部長、営業部長、人事部長および総務部長等が協議して算定し、社長の承認を得て最終決定する。

（発明社員への説明）
第5条　褒賞金の額を決定したときは、発明社員に対して次の事項を説明し、理解を得るものとする。
　　⑴　褒賞金の額
　　⑵　褒賞金の額を算定した理由
　　⑶　褒賞金の支給方法（一括払い、分割払い）
　　⑷　褒賞金の支給時期
　　⑸　その他必要事項
（権利の承継）
第6条　会社は、発明社員に対して褒賞金を支給することにより、その発明にかかわるいっさいの権利をその社員から承継するものとする。
（権利の譲渡）
第7条　発明社員は、会社から褒賞金を受け取ることにより、その発明にかかわるいっさいの権利を会社に譲渡するものとする。
　2　会社は、発明社員から、「褒賞金を受け取ることにより、発明にかかわるいっさいの権利を会社に譲渡する」旨を記した同意書の提出を求めるものとする。
（褒賞金の配分）
第8条　発明に関与した社員が複数人いる場合、褒賞金の配分は関係者の話し合いに委ねる。
　2　話合いでは配分方法が決着しないときは、会社が当事者の研究日誌を精査する等の方法により、裁定する。
（退職社員の取扱い）
第9条　会社は、発明社員が退職した場合においても、褒賞金は支給する。
（死亡社員の取扱い）
第10条　発明社員が死亡した場合、褒賞金はその遺族に支給する。
（付則）この規程は、　　年　　月　　日から施行する。

第 7 章
給与費・人件費管理規程

第1節　給与費管理規程

1　経営と給与費の管理

　経営に要する費用のうち、給与および賞与は相当の大きさを占める。このため、給与・賞与費を効率的・合理的に管理することが必要不可欠である。

　月例給与は、労働基準法によって、毎月1回以上、定期的に支払うことが定められている。一方、賞与は年2回の支給であるが、1回当たりの支払金額が相当大きいという性格がある。また、給与も賞与も、現金で支出しなければならない。したがって、その金額の合理的な決定・管理とともに、資金繰りへの配慮も重要である。

　給与・賞与費の管理が適切でないと、経営は高度の危機に陥る。

2　規程に盛り込む内容

① 　給与費の範囲

　はじめに、管理の対象とする給与費の範囲を定める。一般的には、次のとおりとするのが妥当であろう。

・月例給与（基本給、諸手当）
・時間外・休日勤務手当
・賞与（夏季賞与、年末賞与）
・社会保険料の使用者負担分

・パートタイマー・嘱託社員等非正社員の給与
② 給与費予算の作成

給与費の管理を確実かつ計画的に行うため、人事部長は、毎年度、予算を作成し、社長の承認を得るものとする。

また、費目ごとに予算算定基準を定める。

表　給与費予算の算定基準

費目	算定基準
月例給与（基本給、諸手当）	・当年度の経営計画 ・在籍人員の見込み ・定期昇給額の見込み ・昇進・昇格者の見込み ・前年度の月例給与の実績 ・その他必要事項
時間外・休日勤務手当	・各部門の時間外・休日勤務時間数の見込み ・平均給与額の見込み ・前年度の時間外・休日勤務手当費の実績 ・その他必要事項
賞与	・当年度の経営計画 ・在籍人員の見込み ・前年度の賞与費の実績 ・その他必要事項
社会保険料	・社会保険の料率 ・平均給与額の見込み ・平均賞与支給額の見込み ・在籍人員の見込み ・その他必要事項
非正社員給与	・各部門の非正社員の雇用見込み ・非正社員の時間給の見込み ・前年度の非正社員給与費の実績 ・その他必要事項

③ 給与費の月間支出計画の作成

給与費の支出について、

・毎月一定期日までに、翌月の給与費支出計画を作成する

・支出計画について社長の承認を得る

というルールを定める。

④　給与費予算の修正

人事部長は、年度の途中において給与費予算を修正する必要があると認めるときは、社長に次の事項を申し出てその承認を得るものとする。

・修正を必要とする理由
・修正の内容
・修正の実施日
・その他必要事項

⑤　実績の報告

人事部長は、給与費管理年度が終了したときは、遅滞なく給与費の実績を社長に報告するものとする。

3 給与費管理規程のモデル

給与費管理規程

（総則）
第1条　この規程は、社員（非正規社員も含む）の給与費の管理について定める。
　　2　この規程において、給与費の範囲は、次のとおりとする。
　　　⑴　月例給与（基本給、諸手当）
　　　⑵　時間外・休日勤務手当
　　　⑶　賞与（夏季賞与、年末賞与）
　　　⑷　社会保険料の使用者負担分
　　　⑸　パートタイマー・嘱託社員等非正社員の給与

（管理年度）
第2条　給与費の管理年度は、4月1日から翌年3月31日までの1年とする。

（管理責任者）
第3条　給与費の管理責任者は、人事部長とする。
　　2　人事部長を欠くとき、または事故あるときは、次の者が次の順序で管理責任者となる。
　　　⑴　人事部次長
　　　⑵　人事課長

（給与費予算の作成）
第4条　人事部長は、毎年度、給与費予算を作成し、社長の承認を得なければならない。

（給与費予算の作成基準）
第5条　給与費予算のうち、月例給与予算は、次の事項を総合的に勘案して作成しなければならない。
　　　⑴　当年度の経営計画
　　　⑵　在籍人員の見込み

(3)　定期昇給額の見込み
　(4)　昇進・昇格者の見込み
　(5)　前年度の月例給与の実績
　(6)　その他必要事項
2　時間外・休日勤務手当費予算は、次の事項を総合的に勘案して作成しなければならない。
　(1)　各部門の時間外・休日勤務時間数の見込み
　(2)　平均給与額の見込み
　(3)　前年度の時間外・休日勤務手当費の実績
　(4)　その他必要事項
3　賞与費予算は、次の事項を総合的に勘案して作成しなければならない。
　(1)　当年度の経営計画
　(2)　在籍人員の見込み
　(3)　前年度の賞与費の実績
　(4)　その他必要事項
4　社会保険料費予算は、次の事項を総合的に勘案して作成しなければならない。
　(1)　社会保険の料率
　(2)　平均給与額の見込み
　(3)　平均賞与支給額の見込み
　(4)　在籍人員の見込み
　(5)　その他必要事項
5　非正社員の給与費予算は、次の事項を総合的に勘案して作成しなければならない。
　(1)　各部門の非正社員の雇用見込み
　(2)　非正社員の時間給の見込み
　(3)　前年度の非正社員給与費の実績
　(4)　その他必要事項

(給与費予算の執行)
第6条　人事部長は、給与費予算が社長から承認されたときは、次の事項を誠実に遵守して、これを適正に執行しなければならない。
　　⑴　金銭出納規程その他の経理諸規程
　　⑵　業務分掌
　　⑶　職務権限規程
　　⑷　関係法令
(給与費の月間支出計画)
第7条　人事部長は、毎月10日までに翌月の給与費支出計画を作成し、これを社長に提出してその承認を得なければならない。
(社長への経過報告)
第8条　人事部長は、社長に対し、給与費予算の執行状況を適宜適切に報告しなければならない。
(給与費予算の修正)
第9条　人事部長は、年度の途中において給与費予算を修正する必要があると認めるときは、社長に次の事項を申し出てその承認を得なければならない。
　　⑴　修正を必要とする理由
　　⑵　修正の内容
　　⑶　修正の実施日
　　⑷　その他必要事項
(実績の報告)
第10条　人事部長は、給与費管理年度が終了したときは、遅滞なく給与費予算の実績を社長に報告しなければならない。
　　2　実績と予算との間に差異が生じたときは、その原因を分析し、その結果を報告しなければならない。
(付則)　この規程は、　　年　　月　　日から施行する。

(様式1)　　　　　　　　　給与費予算承認願

　　　　　　　　　　　　　　　　　　　　　　　　　○○年○○月○○日
取締役社長殿
　　　　　　　　　　　　　　　　　　　　　　　　　　　　　人事部長
　　　　　　　　○○年度給与費予算について（伺い）

項目	予算	前年度予算	前年度比	算定根拠
1　月例給与				
①　基本給				
②　諸手当				
計				
2　時間外・休日勤務手当				
3　賞与				
①　夏季賞与				
②　年末賞与				
計				
4　社会保険料使用者負担				
5　非正社員給与				
合計				

　　　　　　　　　　　　　　　　　　　　　　　　　　　　　　以上

第7章　給与費・人件費管理規程

(様式2)　　　　　　給与費月間支出計画承認願

○○年○○月○○日

取締役社長殿

人事部長

給与費の月間支出計画について（○○年○○月）（伺い）

項目	支出予定額	前月支出額	前月比	備考
1　月例給与				
①　基本給				
②　諸手当				
2　時間外・休日勤務手当				
3　賞与				
①　夏季賞与				
②　年末賞与				
4　社会保険料使用者負担				
5　非正社員給与				
合計				

以上

(様式3)　　　　　　**給与費予算の修正承認願**

○○年○○月○○日

取締役社長殿

人事部長

○○年度給与費予算の修正について（伺い）

1　修正の内容と理由

項目	当初予算	修正額	当初予算との増減	修正理由
1				
2				
3				
合計				

2　修正年月日
　　○○年○○月○○日付

以上

（様式4）　　　　　給与費予算執行報告書

○○年○○月○○日

取締役社長殿

人事部長

○○年度給与費予算の執行結果について（報告）

項目	予算	実績	予算・実績比	説明
1　月例給与				
①　基本給				
②　諸手当				
2　時間外・休日勤務手当				
3　賞与				
①　夏季賞与				
②　年末賞与				
4　社会保険料使用者負担				
5　非正社員給与				
合計				

以上

第2節　給与費適正評価規程

1　給与費は適正か
　給与・賞与等のコストは、経営の実力・実態に見合ったものでなければならない。ところが、経営の実力・実態を超えて過大になる傾向がある。これは、「正社員については、期間の定めのない雇用が一般的で、簡単には解雇ができない」という事情が存在するからである。
　これまでに経営が深刻な危機に陥ったケースを検証すると、「人件費が過大であった」というケースがきわめて多い。
　経営の健全性・安定性を維持するためには、「給与・賞与等のコストは、会社の実力に見合ったものであるか」を、冷静な視点から定期的に点検・評価するとともに、もしも「過大になっている」と判断されるときは、適正な水準にするための措置を講ずることが必要である。

2　規程に盛り込む内容
　① 　給与費の範囲
　　給与費の範囲を定める。例えば、次のとおりとする。
　　・月例給与（基本給、諸手当）
　　・時間外勤務手当、休日勤務手当
　　・賞与
　　・非正社員給与
　② 　評価の方法・体制
　　給与費の適正評価の方法・体制としては、
　　・社内の特定の部門で行う
　　・委員会を設けて行う
　　・外部のコンサルティング機関に委託する
　などがある。
　　社内委員会で行う場合、委員は部長クラスで構成するのが適切で

ある。適正評価には、高度の知識が必要であるためである。
③　評価の時期
　　適正評価には、
　　・毎年度定期的に行う
　　・会社が必要と認めた都度行う
の２つがある。
　　毎年度定期的に実施するのが望ましい。
④　評価の基準
　　給与費の適正評価の基準は、次のとおりとする。
　　・総売上高、総営業利益
　　・１人当たり売上高、１人当たり営業利益
　　・社員数（社員、非正社員）
　　・総労働時間数
　　・その他
⑤　評価報告書の提出
　　給与費の適正について評価を実施したときは、その結果を社長に報告する。報告書には、次の事項を記載する。
　　・前年度の給与費の総額
　　・給与費の適正の評価とその理由
　　・給与費が適正でないと評価されるときは、適正水準を確保するために講ずべき措置の内容（給与・雇用面での措置）
　　・その他必要事項
⑥　給与費の適正確保の措置
　　会社は、委員会等が「給与費の総額が適正でない」と評価し、「適正水準を確保するために講ずべき措置」について提言があったときは、速やかにその措置を講ずるものとする。

3 給与費適正評価規程のモデル

給与費適正評価規程

(総則)
第1条　この規程は、給与費の適正評価について定める。
(給与費の適正評価)
第2条　会社は、経営の健全性・安全性を維持するため、定期的かつ組織的に、給与費支出の額が適正であるかを評価する。
(給与費の範囲)
第3条　この規程において給与費の範囲は、次のとおりとする。
　　⑴　給与(基本給、諸手当)
　　⑵　時間外勤務手当、休日勤務手当
　　⑶　賞与
　　⑷　非正社員給与
(評価の体制)
第4条　給与費の適正評価は、「給与費適正評価委員会」(以下、単に「委員会」という)により、毎年度実施する。
　2　委員会の構成は、次のとおりとする。
　　　総務部長(委員長)、営業部長、生産部長、経理部長、情報システム部長、人事部長
　3　委員会は、委員長が招集することにより、随時会議を開催する。
　4　委員会の事務は、総務部で執り行う。
(評価の基準)
第5条　給与費の適正評価の基準は、次のとおりとする。
　　⑴　総売上高、総営業利益
　　⑵　1人当たり売上高、1人当たり営業利益
　　⑶　社員数(社員、非正社員)
　　⑷　総労働時間数
　　⑸　その他

2　委員会は、人件費の個別の支出の是非については、取り扱わないものとする。

（評価報告書の提出）

第6条　委員会は、給与費の適正について評価を実施したときは、その結果を社長に報告しなければならない。

2　報告書には、次の事項を記載しなければならない。
　⑴　前年度の給与費の総額
　⑵　給与費の適正の評価とその理由
　⑶　給与費が適正でないと評価されるときは、適正水準を確保するために講ずべき措置の内容（給与・雇用面での措置）
　⑷　その他必要事項

（報告書の提出期限）

第7条　報告書は、毎年度、5月末日までに提出しなければならない。

（給与費の適正確保の措置）

第8条　会社は、委員会が給与費の総額が適正でないと評価し、適正水準を確保するために講ずべき措置について提言があったときは、速やかにその措置を講ずるものとする。

（付則）この規程は、　　年　　月　　日から施行する。

(様式)　　　　　　　　**給与費適正評価報告書**

　　　　　　　　　　　　　　　　　　　　　　　　　　〇〇年〇〇月〇〇日
取締役社長殿
　　　　　　　　　　　　　　　　　　　　　　　給与費適正評価委員会
　　　　　　　　　給与費適正評価報告書

1　前年度の給与費の総額	
2　給与費の適正の評価	□過大である　□やや過大である □適正である　□やや過少である □過少である
3　上記の評価理由	
4　給与費の適正水準を確保するために講ずべき措置の内容（給与・雇用面での措置）	
5　その他	

　　　　　　　　　　　　　　　　　　　　　　　　　　　　　以上

第3節　業績連動型の賞与原資規程

1　賞与原資を業績と連動させる趣旨

　賞与の支給原資については、前年の支給実績、業績の現状と見通し、労働組合の要求、同業他社の動向などを総合的に判断して決定している会社が多い。

　支給原資をどのような基準で決定するかは、もとより各社の自由である。しかし、賞与は、「労働の対価」である月次給与とは異なり、本来的に「業績の還元」「成果の配分」という性格を持つものである。したがって、賞与の支給原資は、本来的に業績と連動させて決定すべきであろう。業績が良かったときは支給原資を多くし、良くなかったときは少なくするのが、本来の姿であろう。

　賞与の支給原資の一部または全部を、部門または会社全体の業績と連動させて決定する制度を「賞与支給原資の業績連動制」または「業績連動制型賞与制度」という。

　この制度は、支給原資の硬直化・固定化の防止、社員の経営参加意識の向上など、さまざまなメリットがある。

2　規程に盛り込む内容

① 　原資の算定方式

　原資の算定方式を具体的に定める。例えば、「売上高×5％」「営業利益×10％」あるいは「経常利益×20％」という具合である。

　業績指標は、「一般の社員にとって分かりやすいもの」を選択することが重要である。なぜならば、賞与の支給額は、社員にとってきわめて関心が高いからである。社員にとって分かりにくいもの、計算方式が複雑なものは、業績指標としてはあまり適当でない。

　業績指標としては、営業利益および経常利益が広く採用されている。これは、営業利益の場合、

・本業での利益を的確に示す指標である
・社員の成果が直接反映されるものである
・社員にとって分かりやすく納得性がある
などのメリットがあるためである。

また、経常利益には、
・業績指標として広く採用されている
・社員にとって分かりやすく納得性がある
などのメリットがある。

② 最低保障

業績連動型賞与制度は、業績に連動させて賞与の支給原資を決めるというものである。

社員の中には、「業績に応じて賞与の支給額が決まる」ということに、不安を感じる者が少なくない。「業績が良くないときに賞与がまったく支給されないと、安定した生活ができなくなる」と心配する。

このような事情に配慮し、業績連動型賞与制度において「最低保障部分」を設けている会社がかなり多い。これは、「業績が良くない場合においても、一定月数の賞与の支給を保障する」というものである。

最低保障部分の設定は、社員に安心感を与えるというメリットがある半面、賞与原資の変動費化の効果を制約するという問題点もある。

最低保障部分を設けるときは、最低保障の月数を明記する。

3　業績連動型の賞与原資規程のモデル

(1) 最低保障のないもの

賞与原資規程

（総則）
第1条　この規程は、夏季および年末賞与の原資決定基準について定める。
（支給原資の算定）
第2条　賞与の支給原資は、次の算式により算定する。
　　　　賞与原資＝算定期間中の営業利益×20％
　2　次の場合には、賞与は支給しない。
　　⑴　営業利益を計上できないとき
　　⑵　営業利益を計上することができても、その額が僅少であるとき
（算定期間）
第3条　賞与の算定期間は、次の区分による。
　　　　夏季賞与　　　前年10月1日～当年3月31日
　　　　年末賞与　　　当年4月1日～9月30日
（各人の支給額）
第4条　各人の賞与の支給額は、算定期間における各人の勤務成績（仕事の質、仕事の量）および勤務態度を評価して決定する。
　2　各人の賞与の支給額の総和は、第2条に定める算定式で算定される総額を超えないものとする。
（付則）この規程は、　　年　　月　　日から施行する。

(2) 最低保障のあるもの

賞与原資規程

（総則）
第1条　この規程は、夏季および年末賞与の原資決定基準について定める。

（支給原資の算定）
第2条　賞与の支給原資は、次の算式により算定する。
　　　　賞与原資＝社員の賞与算定基礎給の総和×2.0＋算定期間中の営業利益×10％
　2　賞与算定基礎給とは、次のものをいう。
　　　　賞与算定基礎給＝基本給＋営業手当＋役付手当＋その他職務に関連する手当

（算定期間）
第3条　賞与の算定期間は、次の区分による。
　　　　夏季賞与　　　前年10月1日〜当年3月31日
　　　　年末賞与　　　当年4月1日〜9月30日

（各人の支給額）
第4条　各人の賞与の支給額は、算定期間における各人の勤務成績（仕事の質、仕事の量）および勤務態度を評価して決定する。
　2　各人の賞与の支給額の総和は、第2条に定める算定式で算定される総額を超えないものとする。

（最低保障）
第5条　賞与の平均支給額は、夏季賞与および年末賞与とも、賞与算定基礎給（社員平均）の2ヵ月分を下回らないものとする。

（付則）この規程は、　　年　　月　　日から施行する。

(3) 部門ごとの業績により賞与原資を決めるもの

事業部賞与の支給原資規程

（総則）
第1条　この規程は、事業部の夏季および年末賞与の原資決定基準について定める。
　　2　事業部以外の部門の賞与原資決定については、別に定める。
（支給原資の算定）
第2条　賞与の支給原資は、事業部ごとに、次の算式により算定する。
　　　　　賞与支給原資＝当該事業部の社員の賞与算定基礎給の総和×1.0＋算定期間中の当該事業部の営業利益×10％
　　2　前項において賞与算定基礎給とは、次のものをいう。
　　　　　賞与算定基礎給＝基本給＋営業手当＋役付手当＋その他職務に関連する手当
（算定期間）
第3条　賞与の算定期間は、各事業部ともに次の区分による。
　　　　夏季賞与　　　前年10月1日～当年3月31日
　　　　年末賞与　　　当年4月1日～9月30日
（各人の支給額）
第4条　各人の賞与の支給額は、各事業部ともに、算定期間における各人の勤務成績（仕事の質、仕事の量）および勤務態度を評価して決定する。
　　2　各人の賞与の支給額の総和は、各事業部とも、第2条に定める算定式で算定される総額を超えないものとする。
（最低保障）
第5条　賞与の平均支給額は、各事業部ともに、夏季賞与および年末賞与のいずれについても賞与算定基礎給（社員平均）の1ヶ月分を下回らないものとする。

（付則）この規程は、　　年　　月　　日から施行する。

第4節　人件費管理規程

1　経営と人件費の管理

　会社にとって、給与・賞与および福利厚生費などの人件費はきわめて重要な経費である。サービス業や情報業・知的産業などの中には、経費の大半が人件費で占められているところもある。

　人件費は、定常的・経常的に発生する。また、その総額が大きい。このため、人件費の管理が適切でないと、経営の実力に比較して支出が過大・過剰となり、経営は深刻な危機に陥る。

　実際、これまでに経営不振に陥った会社を検証すると、
　　・会社の体力や体質に比べて人件費の総額が過剰であった
　　・人件費の管理がルーズであった。管理体制があいまいであった
　　・総人件費予算が合理的に作成されていなかった
というケースが少なくない。

　健全・堅実な経営のためには、給与・賞与を中心とする人件費を合理的・効率的に管理することが必要不可欠である。人件費管理の重要性は、いくら強調しても強調しすぎることはない。

2　規程に盛り込む内容

①　人件費の範囲
　管理する人件費の範囲は、正社員のみならず、非正規社員も含めて、表に示すとおりとするのが現実的・合理的であろう。

表　人件費の範囲

```
① 月例給与（基本給、諸手当、時間外・休日勤務手当）
② 賞与（夏季賞与、年末賞与）
③ 出張・転勤旅費（国内出張・転勤旅費、海外出張・転勤旅費）
④ 退職金
⑤ 福利厚生費（法定福利厚生費、法定外福利厚生費）
⑥ 募集・採用費
⑦ 教育訓練費
⑧ パートタイマー等の非正社員の給与
⑨ その他人事・労務管理に必要な経費
```

② 人件費予算の作成

　人件費の管理を合理的・計画的に行うため、人事部長は、毎年度、人件費予算を作成し、社長の承認を得るものとする。

　人件費予算は、次の事項を総合的に勘案して作成する。
　・経済情勢、景気の動向
　・当年度の経営方針
　・当年度の経営計画
　・前年度の人件費の実績
　・労働基準法その他の法令の定め
　・その他必要事項

③ 人件費の月間支出計画の作成

　人件費は、
　・毎月継続的に発生するもの
　・年に数回、定期的に発生するもの
　・臨時的に発生するもの
に区分することができる。

　毎月定期的に発生するものの代表は、給与である。給与は、労働基準法の定めるところにより、毎月一定の期日を定めて定期的に支払わなければならない。

　これに対して、賞与は、夏季と年末に発生する。

一方、退職金は、社員の退職に伴って、臨時的・突発的に発生する。

人件費の管理を確実に行うためには、毎月支出計画を作成するのがよい。このため、人事部長は、毎月一定期日までに翌月の人件費支出計画を作成し、これを社長に提出してその承認を得るものとする。

④ 人件費予算の執行権限の委譲

人事業務を円滑に遂行するため、人事部長は、業務上必要であると認めるときは、人件費予算の執行権限の一部を関係部門の長に委譲できるものとする。

この場合、人事部長から人件費予算の執行権限を委譲された者は、委譲された範囲において権限を執行するとともに、その執行状況および結果を人事部長に適宜適切に報告するものとする。

⑤ 人件費予算の修正

経営環境は、いつどのように変化するか、なかなか予測しにくい。

人事部長は、経営環境の変化により人件費予算を修正する必要があると認めるときは、社長に次の事項を申し出てその承認を得なければならないものとする。

・修正を必要とする理由
・修正の内容
・修正の実施日
・その他必要事項

⑥ 実績の報告

人事部長は、人件費管理年度が終了したときは、遅滞なく人件費の実績を社長に報告するものとする。

3　人件費管理規程のモデル

人件費管理規程

（総則）
第1条　この規程は、社員（非正規社員も含む）の人件費の管理について定める。
　2　この規程において、人件費の範囲は、次のとおりとする。
　　(1)　月例給与（基本給、諸手当、時間外・休日勤務手当）
　　(2)　賞与（夏季賞与、年末賞与）
　　(3)　出張・転勤旅費（国内出張・転勤旅費、海外出張・転勤旅費）
　　(4)　退職金
　　(5)　福利厚生費
　　　　①　法定福利厚生費
　　　　②　法定外福利厚生費
　　(6)　募集・採用費
　　(7)　教育訓練費
　　(8)　パートタイマー等の非正社員の給与
　　(9)　その他人事・労務管理に必要な経費

（管理年度）
第2条　人件費の管理年度は、4月1日から翌年3月31日までの1年とする。

（管理責任者）
第3条　人件費の管理責任者は、人事部長とする。
　2　人事部長を欠くとき、または事故あるときは、次の者が次の順序で管理責任者となる。
　　(1)　人事部次長
　　(2)　人事課長

（人件費予算の作成）
第4条　人事部長は、毎年度、人件費予算を作成し、社長の承認を得なければならない。

（人件費予算の作成基準）
第5条　人件費予算は、次の事項を総合的に勘案して作成しなければならない。
　⑴　経済情勢、景気の動向
　⑵　当年度の経営計画
　⑶　前年度の人件費の実績
　⑷　労働基準法その他の法令の定め
　⑸　その他必要事項
2　人件費予算の作成に当たっては、関係各部門の長と十分協議しなければならない。

（人件費予算の執行）
第6条　人事部長は、人件費予算が社長から承認されたときは、次の事項を誠実に遵守して、これを適正に執行しなければならない。
　⑴　金銭出納規程その他の経理諸規程
　⑵　業務分掌
　⑶　職務権限規程
　⑷　関係法令

（人件費予算執行上の禁止事項）
第7条　人事部長は、人件費予算の執行について、次に掲げることをしてはならない。
　⑴　人事労務管理以外の目的のために流用すること
　⑵　人件費予算以外の予算を人事労務管理の目的のために流用すること
　⑶　業務上知り得た個人情報を他に漏洩すること

（人件費予算の月間支出計画）
第8条　人事部長は、毎月10日までに翌月の人件費支出計画を作成し、

これを社長に提出してその承認を得なければならない。
2　人件費支出計画は、関係各部門の長と十分協議して作成しなければならない。

（人件費予算の執行権限の委譲）
第9条　人事部長は、業務上必要であると認めるときは、人件費予算の執行権限の一部を関係部門の長に委譲することができる。
2　前項の定めるところにより、人事部長から人件費予算の執行権限を委譲された者は、委譲された範囲において権限を執行するとともに、その執行状況および結果を人事部長に適宜適切に報告しなければならない。

（関係文書・データの保存）
第10条　人事部長は、人件費予算の執行に関する文書およびデータを、文書・データ保存規程に定める期間保存しておかなければならない。

（社長への経過報告）
第11条　人事部長は、社長に対し、人件費予算の執行状況を適宜適切に報告しなければならない。

（人件費予算の修正）
第12条　人事部長は、年度の途中において人件費予算を修正する必要があると認めるときは、社長に次の事項を申し出てその承認を得なければならない。
(1)　修正を必要とする理由
(2)　修正の内容
(3)　修正の実施日
(4)　その他必要事項

（実績の報告）
第13条　人事部長は、人件費管理年度が終了したときは、遅滞なく人件費の実績を社長に報告しなければならない。
2　実績と予算との間に差異が生じたときは、その原因を分析し、

　　　　その結果を報告しなければならない。
（付則）この規程は、　　年　　月　　日から施行する。

(様式1)　　　　　　　　　**人件費予算承認願**

〇〇年〇〇月〇〇日

取締役社長殿

人事部長

〇〇年度人件費予算について（伺い）

項目	予算	前年度予算	前年度比	算定根拠
1　月例給与				
①　基本給				
②　諸手当				
③　時間外・休日勤務手当				
2　賞与				
①　夏季賞与				
②　年末賞与				
3　出張・転勤旅費				
4　退職金				
5　福利厚生費				
①　法定福利厚生費				
②　法定外福利厚生費				
6　募集・採用費				
7　教育訓練費				
8　パートタイマー等非正社員給与				
9　その他				
合計				

以上

第7章　給与費・人件費管理規程

（様式２）　　　　　　人件費月間支出計画承認願

〇〇年〇〇月〇〇日

取締役社長殿

人事部長

人件費の月間支出計画について（〇〇年〇〇月）（伺い）

項目	支出予定	前年同月支出額	前年同月比	備考
1　月例給与				
①　基本給				
②　諸手当				
③　時間外・休日勤務手当				
2　賞与				
①　夏季賞与				
②　年末賞与				
3　出張・転勤旅費				
4　退職金				
5　福利厚生費				
①　法定福利厚生費				
②　法定外福利厚生費				
6　募集・採用費				
7　教育訓練費				
8　パートタイマー等非正社員給与				
9　その他				
合計				

以上

(様式3)　　　　　　　**人件費予算の修正承認願**

　　　　　　　　　　　　　　　　　　　　　　　　　　〇〇年〇〇月〇〇日
取締役社長殿
　　　　　　　　　　　　　　　　　　　　　　　　　　　　　　人事部長
　　　　　　　〇〇年度人件費予算の修正について（伺い）
1　修正の内容と理由

項目	当初予算	修正額	当初予算との増減	修正理由
1				
2				
3				
4				
5				
合計				

2　修正年月日
　〇〇年〇〇月〇〇日付

　　　　　　　　　　　　　　　　　　　　　　　　　　　　　　以上

第7章　給与費・人件費管理規程

（様式４）　　　　　　　人件費予算執行報告書

〇〇年〇〇月〇〇日

取締役社長殿

人事部長

〇〇年度人件費予算の執行結果について（報告）

項目	予算	実績	予算・実績比	説明
1　月例給与				
①　基本給				
②　諸手当				
③　時間外・休日勤務手当				
2　賞与				
①　夏季賞与				
②　年末賞与				
3　出張・転勤旅費				
4　退職金				
5　福利厚生費				
①　法定福利厚生費				
②　法定外福利厚生費				
6　募集・採用費				
7　教育訓練費				
8　パートタイマー等非正社員給与				
9　その他				
合計				

以上

【著者紹介】

荻原　勝（おぎはら　まさる）
東京大学経済学部卒業。人材開発研究会代表。経営コンサルタント
〔著書〕
『賞与の決め方・運用の仕方』、『諸手当の決め方・運用の仕方』、『多様化する給与制度実例集』、『役員・執行役員の報酬・賞与・退職金』、『新卒・中途採用規程とつくり方』、『失敗しない！新卒採用実務マニュアル』、『節電対策規程とつくり方』、『法令違反防止の内部統制規程とつくり方』、『経営管理規程とつくり方』、『経営危機対策人事規程マニュアル』、『ビジネストラブル対策規程マニュアル』、『社内諸規程のつくり方』、『執行役員規程と作り方』、『執行役員制度の設計と運用』、『個人情報管理規程と作り方』、『役員報酬・賞与・退職慰労金』、『取締役・監査役・会計参与規程のつくり方』、『人事考課表・自己評価表とつくり方』、『出向・転籍・派遣規程とつくり方』、『IT時代の就業規則の作り方』、『福利厚生規程・様式とつくり方』、『すぐ使える育児・介護規程のつくり方』（以上、経営書院）など多数。
現住所：〒251-0027　藤沢市鵠沼桜が岡3-5-13
ＴＥＬ：0466（25）5041
ＦＡＸ：0466（25）9787

改訂版
給与・賞与・退職金規程

2003年11月24日　第1版第1刷発行
2015年8月18日　第2版第1刷発行

著　者　　荻原　勝
発行者　　平　盛之

発　行　所　　〒112-0011　東京都文京区千石4-17-10
㈱産労総合研究所　　　　　産労文京ビル
出版部 経営書院　　　　電話　03-5319-3620
　　　　　　　　　　　振替　00180-0-11361

落丁・乱丁はお取り替えします。無断転載はご遠慮ください。　印刷・製本　勝美印刷
ISBN978-4-86326-202-7 C2034